バランシングの
経営管理・経営戦略と
生産システム

鄭　年皓・山下洋史［編著］

文眞堂

はしがき
「企業活動における効率性と多様性の調和をめざして」

　近年の経営環境の変化を大局的な観点から見てみると，グローバル競争の激化，技術の高度化，市場の多様化，労働者の価値観の多様化等を指摘することができる。こうした経営環境における複雑性の増大は，従来型の単なる低価格競争や技術開発競争のような偏った特定分野での一点集中型の競争優位獲得の有効性を低下させており，企業システムの再構築が必須の状況となっている。

　さらに，単なる市場の範囲をこえる経営環境の意味論的・空間的拡張（例えば，市民社会や自然空間）により，市場または企業内部のみに閉じた従来型の企業システムの脆弱性が露呈しており，多様で幅広い経営環境に対する自己適応システムとしての企業システムの変貌が求められている。なぜなら，多くの企業システムは従来の（多くの場合，ミクロ的な）制約条件に縛られ，それを前提とした最適化を図るのに対して，自己適応システムは自己を全体として「バランス」良く（マクロ的な）環境に合わせ，新たなシステムの創発を目指すためである。

　すなわち，経営環境の無数の要因が絡み合う高エントロピーの状態を所与にして，経営システムの局所的な制御ではなく，環境適応的なシナジーとシステム柔軟性による新たな企業システムの創発が求められるのである。もちろん，持続可能（サステナブル）な競争優位の基盤を，ある特定の競争分野のみではなく，企業全体として構築していくことにより，環境の複雑性に対抗しなければならない。言い換えれば，競争優位の機能的要素や部分的要素が，相互に有機的「バランス」を取るようなマネジメントを展開することにより，企業全体にとっての最適化が実現されるのである。

はしがき

　一方で，分業と協業という企業組織と管理活動の原則に従い，経営学・商学の研究分野が細分化・専門化されることにより，こうした多くの研究分野で全体システムの「バランシング」という観点が不足する方向に向かうようになってしまった。特に，上記のバランシングに関する理論的な枠組みやモデルの構築が不足しているのである。そこで，企業行動や管理活動の本質を，システムの要素と要素との間での「バランス」と，柔軟な「全体システム」の両面から捉える研究視座が求められる。こうした全体システムと要素の「バランシング」が，企業の行動（経営戦略）や機能（経営管理，生産システム等）を論じる際の本書の基本的な観点である。すなわち，本書は企業（全体システム）を，「バランシング」の観点から有機的に機能し合う経営資源（要素）の集合体として捉えるのである。ただし，ここでいう経営資源は，周知の通り 3M+I（Man, Material, Money + Information）を意味し，経営管理・経営戦略・生産システムといった本書のテーマを論じる際に，経営学・商学と経営工学のアプローチを融合させることを試みる。すなわち，本書の研究視座がシステムと要素の「バランシング」にあることと同様に，本書をシステムとして捉えた場合の要素自体も，互いに隣接した学問分野を有機的に融合させることをめざしているのである。

　本書は，3部・17章の構成となっている。第1部は，第1章～第7章で構成されており，第1章では 3M+I を基軸とした経営管理全般の問題を論じている。第2章～第6章は，第1章で述べた 3M+I の各論的な性格を有しており，人的資源管理（第2章）・財務管理（第3章）・情報管理（第4章）等のテーマについて論じている。ただし，生産システムについては，筆者らの最新の研究成果を最大限に反映させるべく，第3部で詳細に論じることにする。また，第5章と第6章では，組織における意思決定やコミュニケーションのプロセスをモデル化し，第7章では CSR（Corporate Social Responsibility）について論じている。

　第2部では，第1部での各論的なアプローチをふまえ，主として「経営戦略」に焦点を当てた議論を展開している。その際，企業の持続的な成長に対して，企業内部に閉じた視点のみならず，顧客満足（第8章），グローバル・

ビジネス（第9章），新製品開発（第10章），サプライチェーン（第11章），M&A（Mergers & Acquisitions）とWWWアライアンス（第12章）に焦点を当て，これらのテーマを，バランスのとれた経営戦略という観点から述べている。

第3部では，まず生産の効率性と市場の多様性とのバランシング問題に対して，第13章で「少品種多量生産と多品種少量生産」を比較・検討している。また，第14章では，第13章の論点を生産計画の問題へと絞り込み，生産の平準化を図る上で，できる限り少ない在庫で需要に対応するための「需要と生産」のバランシング・モデルを提示している。さらに，安全な製品を俊敏に提供するための「品質管理における効率性と安全性の調和」に関する評価モデルを第15章で紹介し，第16章では一般に生産管理の代表的なシステムといわれる「MRPシステムとJITシステム」が，生産同期化の問題に対して，それぞれ異なるバランシングのロジックを持つことを指摘している。最後に，第17章では，企業の生産活動と環境保全活動のバランスに注目し，「循環型生産システムと環境志向型クォリティ」の視点を提示している。

以上のような本書の構成より，経営管理・経営戦略・生産システムというテーマに対して，「システム」と「バランス」の視点から，関連した研究分野の理論を再構築しようとする「意気込み」が伝わるのではないかと考えられる。一方で，本書では，経営学・商学・経営工学にまたがる新たな文理融合型のアプローチを展開しているため，新たな研究アプローチを開拓しようとする際にしばしば見られる論理の未熟さや脆弱性があるかも知れない。こうした側面については，読者諸賢からのご指摘をいただき，今後の研究活動に反映させていく所存である。その上で，本書の試みが新たな企業理論の構築や発展の一助となれば，筆者らにとって最大の喜びである。

筆者らは，今回の出版に至るまでの間，多くの先生方のご指導とご協力をいただいた。とりわけ，明治大学の諸上茂登教授，風間信隆教授，村田潔教授，早稲田大学の大野髙裕教授，神奈川大学の松丸正延教授，愛知淑徳大学の上原衛教授，林誠教授に改めて感謝申し上げたい。最後に，本書の執筆を

はしがき

快く引き受けていただいた文眞堂の前野隆専務ならびにきめ細かく編集していただいた山崎勝徳氏に厚く御礼を申し上げたい。

目　次

はしがき　「企業活動における効率性と多様性の調和をめざして」……… i

第1部：バランシングの経営管理 ………………………………… 1

1章　経営管理における経営資源と意思決定 ………………… 3

  1.1　経営管理論の台頭 ……………………………………………… 3
  1.2　意思決定論 ……………………………………………………… 4
  1.3　一般システム理論 ……………………………………………… 6
  1.4　経営システム ………………………………………………… 7
  1.5　経営資源による経営管理の体系 …………………………… 9

2章　人的資源の管理と支援 ……………………………………… 11

  2.1　人的資源管理とは ……………………………………………… 11
  2.2　人的資源管理の目的 …………………………………………… 13
  2.3　人的資源管理の主体 …………………………………………… 14
  2.4　人事情報管理 …………………………………………………… 15
  2.5　雇用管理 ………………………………………………………… 16
  2.6　労働条件管理 …………………………………………………… 18
  2.7　労使関係管理 …………………………………………………… 22
  2.8　労働意欲の管理 ………………………………………………… 23
  2.9　「支援」研究の展開 …………………………………………… 24
  2.10　二段階の管理―支援フレームワーク ……………………… 26

目　次

3章　財務管理・経営分析と金融工学 …………… 30
- 3.1　財務管理とは ………………………………… 30
- 3.2　利益管理と原価 ……………………………… 31
- 3.3　経営分析 ……………………………………… 34
- 3.4　金融工学の概要 ……………………………… 37

4章　情報管理における情報量とファジィ・エントロピー …… 43
- 4.1　情報量（シャノン・エントロピー） ………… 43
- 4.2　人間の情報処理過程の偶然性と漠然性 …… 44
- 4.3　偶然性と漠然性に関するあいまいさの定式化 …… 47
- 4.4　ファジィ事象の確率まわりのエントロピー …… 49

5章　情報の非対称性と合意形成メカニズム …… 51
- 5.1　情報の非対称性 ……………………………… 51
- 5.2　情報の非対称性への対応 …………………… 53
- 5.3　調整・交渉における4つの解 ……………… 54
- 5.4　S字型反応曲線 ……………………………… 56
- 5.5　合意形成における5つの解 ………………… 57

6章　コミュニケーション・ネットワークにおける低エネルギーと高エントロピーの調和モデル …… 61
- 6.1　コミュニケーション・ネットワークとヒューマン・リソース・マネジメントにおけるバランシング問題 …… 61
- 6.2　最大エントロピー原理 ……………………… 61
- 6.3　コミュニケーション・ネットワーク ……… 62
- 6.4　通信路行列と定常分布ベクトル …………… 63
- 6.5　CNとHRMにおける低エネルギーと高エントロピー …… 64
- 6.6　コミュニケーションにおける低エネルギーと高エントロピー

　　　　　の調和モデル ………………………………………………… 66
　6.7　数値例によるコミュニケーション・ネットワークの分析…… 69

7章　現代の企業とCSR ……………………………………… 73

　7.1　現代の企業とCSR ……………………………………………… 73
　7.2　経営戦略とCSR ………………………………………………… 75
　7.3　日本企業におけるCSRの進展 ………………………………… 77
　7.4　日本の多国籍企業におけるグリーン調達の動向 …………… 78

第2部：バランシングの経営戦略 …………………………… 83

8章　顧客満足（CS）のためのマーケティング戦略 ………… 85

　8.1　ターゲット・マーケティングと市場の細分化 ……………… 85
　8.2　マーケティング・ミックス …………………………………… 86
　8.3　マーケティング戦略 …………………………………………… 88
　8.4　顧客観点のマーケティング …………………………………… 91
　8.5　潜在的組織参加者 ……………………………………………… 92

9章　グローバル・ビジネスにおける標準化と現地適応化の調和問題 ……………………………………………………… 95

　9.1　企業環境の変化とサプライチェーン・マネジメント（SCM）… 95
　9.2　生産の効率化と製品・サービスの個性化とのトレード・
　　　　オフ ……………………………………………………………… 97
　9.3　企業活動におけるエネルギーとエントロピー ……………… 98
　9.4　グローバル標準化とローカル適応化のトレード・オフ …… 99
　9.5　グローバル・ビジネスにおける「低エネルギー化と
　　　　高エントロピー化の調和問題フレームワーク」…………… 100
　9.6　グローバル・ビジネスにおける低エネルギーと
　　　　高エントロピーの調和モデル ………………………………… 103

目　次

  9.7 数値例によるグローバル標準化とローカル適応化の調和分析 …… 106

10章　新製品開発とイノベーション …………………………… 109

  10.1 新製品開発とイノベーションの意義 ………………………… 109
  10.2 イノベーションの類型 ………………………………………… 109
  10.3 イノベーションへのインセンティブ ………………………… 110
  10.4 イノベーションと市場構造 …………………………………… 112
  10.5 イノベーションと企業の境界 ………………………………… 113
  10.6 新製品開発と技術革新の解 …………………………………… 115

11章　リエンジニアリング（BPR）とサプライチェーン・マネジメント（SCM） ……………………………………… 118

  11.1 BPRとは ………………………………………………………… 118
  11.2 リエンジニアリング（BPR）における情報の共有化 ……… 119
  11.3 代替的双対モデル ……………………………………………… 120
  11.4 情報技術の活用に対する日本とアメリカの意識の違い …… 121
  11.5 SCMとは ………………………………………………………… 123
  11.6 SCMにおける制約理論とボトルネック ……………………… 124
  11.7 SCMチーム ……………………………………………………… 125
  11.8 Global e-SCMの概念 …………………………………………… 125

12章　M&AとWWWアライアンス ……………………………… 128

  12.1 グローバル化と情報化の進展による競争・協調関係 ……… 128
  12.2 M&A（合併と買収）とは ……………………………………… 128
  12.3 提携とは ………………………………………………………… 129
  12.4 戦略的提携と提携の国際化 …………………………………… 130
  12.5 WWWアライアンス …………………………………………… 131
  12.6 WWWアライアンスとGlobal e-SCMとの関係 ……………… 132

目　次

第3部：バランシングの生産システム ……………………………… *135*

13章　少品種多量生産と多品種少量生産 ……………………………… *137*

- 13.1　生産形態の基本的な分類 ……………………………………… *137*
- 13.2　受注生産（注文生産）と見込み生産 ………………………… *138*
- 13.3　個別生産，連続生産とロット生産 …………………………… *139*
- 13.4　多品種少量生産と少品種多量生産 …………………………… *141*

14章　需要予測と生産計画 ……………………………………………… *144*

- 14.1　需給マネジメントにおける需要予測と生産計画 …………… *144*
- 14.2　需要予測の概要 ………………………………………………… *145*
  - 14.2.1　需要変動と予測 …………………………………………… *145*
  - 14.2.2　相関分析・回帰分析モデル ……………………………… *145*
  - 14.2.3　時系列解析モデル ………………………………………… *146*
- 14.3　生産計画の目的と概要 ………………………………………… *148*
  - 14.3.1　生産計画の目的 …………………………………………… *148*
  - 14.3.2　大日程計画 ………………………………………………… *149*
  - 14.3.3　中日程計画 ………………………………………………… *149*
  - 14.3.4　小日程計画 ………………………………………………… *150*
- 14.4　在庫管理の目的と概要 ………………………………………… *150*
  - 14.4.1　在庫管理の目的 …………………………………………… *150*
  - 14.4.2　在庫の発生原因 …………………………………………… *150*
  - 14.4.3　発注方式 …………………………………………………… *151*
- 14.5　在庫低減と生産平準化のバランシング（調和）モデル …… *154*

15章　品質管理における効率性と安全性の調和 …………………… *159*

- 15.1　品質管理の基本概念 …………………………………………… *159*
- 15.2　TQC（Total Quality Control）とQCサークル ……………… *160*

ix

目　次

15.3　統計的品質管理と QC7 つ道具 ………………………… *161*
　　15.3.1　統計的品質管理 ………………………………… *161*
　　15.3.2　QC7 つ道具 …………………………………… *161*
15.4　実験計画法 …………………………………………… *164*
15.5　全数検査と抜取検査 ………………………………… *165*
15.6　ラインでの QC と日本の組織特性・雇用システム ……… *166*
15.7　効率性重視の QC・安全性重視の QC と狂牛病問題 …… *167*
15.8　ライン & スタッフによる QC とスタッフのみの QC の
　　　評価モデル ………………………………………… *167*

16章　MRP システムと JIT システム ………………………… *174*

16.1　MRP システムの概要 ………………………………… *174*
16.2　MRP システムにおける部品構成と資材所要量計算 …… *176*
16.3　資材所要量計画の変更 ……………………………… *178*
16.4　MRP システムの「二重の垂直性」 …………………… *180*
16.5　JIT システムの概要 ………………………………… *181*
16.6　JIT システムにおける同期化生産のためのアプローチ …… *183*
16.7　JIT システムと MRP システムの比較 ………………… *186*

17章　循環型生産システムと環境志向型クォリティ ………… *189*

17.1　物理的クォリティから環境志向型クォリティへ ………… *189*
17.2　環境の内部化と 3R (リデュース，リユース，リサイクル) … *191*
17.3　資源循環の概念モデル ……………………………… *192*
17.4　資源循環における領域推移の分析モデル ……………… *195*
17.5　「3R 行列」の導入 …………………………………… *196*

事項索引 ………………………………………………………… *199*
人名索引 ………………………………………………………… *208*

第1部：
バランシングの経営管理

1章
経営管理における経営資源と意思決定

1.1 経営管理論の台頭

　一般に，企業組織における「管理」の果たす役割の重要性を認識させ，それを制度的に成立させた契機は，Taylor の科学的管理法（Scientific Management）にあるとされる。Taylor は管理の4原則[1.1]，すなわち

(1) 大いなる1日の課業（a large daily task）
(2) 標準条件（standard condition）
(3) 成功に対する高賃金（high pay for success）
(4) 失敗に対する損失（loss in case of failure）

といった労働の目標と条件を提示し，生産作業の進捗状況を科学的に「管理」することにより，計画を確実に達成しようとしたのである。これにより，企業組織において，現場の進捗能力を考慮した生産計画の設定と，生産計画を実現するための進捗管理が可能となり，計画機能と実行機能の分離が進められるようになった。また，Taylor は，科学的管理法を実現するための職能組織（functional organization）の編成を提案し，企業組織の制度的な基盤を与えた。こうした提案により，組織編成と計画設定，管理（統制）といった近代的な経営管理の課題が見出されたのである。
　さらに，Ford はコンベア・システムによって，科学的管理法の考え方を物理的に進展させた。すなわち，計画部門の作成した計画にベルト・コンベアの速度を合わせることによって，計画をスムーズに達成する物理的な基盤を与えたのである。こうした Ford システムの意義は，生産計画の信頼性の

大幅な向上とともに，計画部門と実行部門の分離，管理システムの構築が完全な形で実現されたところにある。すなわち，Taylor の科学的管理法と Ford システムにより，組織編成と計画設定，管理（統制）という「管理過程」に主眼が置かれた近代的な経営管理論が台頭していったのである。

しかしながら，こうしたアプローチは，モノと人に対する管理（統制）に焦点を当てているが故に，垂直的ヒエラルキー・コントロールによる効率性の極大化を追求し，人（従業員）の有する複雑な側面を管理過程に反映しようとする試みが不足してしまった。また，計画部門での意思決定のみを主たる議論の対象とする場合が多いため，多様なヒエラルキーでの意思決定と，それを構成する個人の意思決定については，あまり注目していない。

一方で，企業の発展と経営環境の変化にともない，効率的な「管理過程」を実現するための精緻な経営手法の開発も徐々に求められるようになった。こうしたさまざまな問題点を克服するために，しだいに経営管理論における多くの新たなアプローチが登場するようになった。すなわち，人間関係論と行動科学，意思決定論，経営工学と OR（Operation Research），一般システム理論等が経営管理論の新たなアプローチや，独立した学問領域として分化したのである。次節以降では，意思決定論，一般システム理論を中心に，経営管理における主要な理論的発展について概説する。

1.2 意思決定論

一般に，何らかの経営課題を解決するために，いつくかの代替案を設定し，その中から実行可能な手段を選ぶプロセスは意思決定過程と呼ばれる。こうした意思決定については，組織の階層，および意思決定の対象と主体によって，さまざまな分類ができる。本節では，Ansoff [1.2]，Anthony [1.3]，Simon [1.4] に基づき，意思決定の類型を検討していくことにする。

Ansoff [1.2] は，経営戦略論の立場から意思決定の類型を，戦略的意思決定（strategic decisions），管理的意思決定（administrative decisions），業務的意思決定（operating decisions）に分類している。戦略的意思決定は，企業の外部

環境の変化に企業全体を適応させ，動態的に外部環境とのバランスを図ろうとする意思決定である．その主要な問題としては，経営の多角化や新市場開拓等の経営戦略の決定があげられる．これは，Anthony[1.3]のいう strategic planning に相当する．こうした意思決定は，ビジネスの転機において，経営資源としてのヒト・モノ・カネ・情報をいかに配分するかについての戦略的選択の問題になる．

戦略的意思決定は，非反復的な性格を有するため，自己再生的（ルーチン化された）意思決定とは異なる．そのため，組織構成員の注意を自動的に喚起するものではない．また，戦略的意思決定は，Simon[1.4]の言う非定型的意思決定（nonprogrammed decision）の性質を有する．なぜなら，戦略的決定の場合，その問題が複雑で非構造化されたパターンが多いからである．そのため，予め定められた何らかの方式やプログラムによって，代替案を決めることができない．このように，最適化の意思決定手法で解決することができない，複雑で新規の非定型的決定問題に対応していくためには，新しい代替案の探索を繰り返して行うヒューリスティック（heuristic）な問題解決のプロセスが求められる．

管理的意思決定には，戦略的意思決定の枠組のなかで，そこで決められた経営戦略を実行に移すための構造的諸計画と，全社的な相互調整にかかわる諸計画が含まれる．これは，Anthony[1.3]のいう managerial control に相当し，設備投資計画，研究開発計画のようなプロジェクト別の計画もあれば，各事業部門の目標・計画活動を全社的な観点から総合的に調整していく利益計画や予算編成等も含まれる．また，こうした意思決定の類型は，非反復的な性格と反復的な性格の意思決定の混在する場合も多いため，非定型的意思決定と定型的意思決定（programmed decision）の中間的な性格の意思決定として特徴づけられる．

業務的意思決定は，企業の生産・販売等の業務活動レベルに密着した諸活動に対するルーチン的な意思決定である．これは，Anthony[1.3]のいう operational control に相当する日常的（反復的）な活動であり，相対的に複雑なプロセスを求めない．したがって，予め用意されているルールや方針を適

用することができ，最も分権的な管理が行われやすい。また，その反復的特性により，定型的意思決定や構造化された問題（プログラム化された問題）になる場合が多い。

　一方で，Simon[1.4]は，組織における意思決定を定型的意思決定と非定型的意思決定に分類している。繰り返しになるが，定型的意思決定は反復的に行われ，構造が比較的明確な問題（構造化された問題）を意味する。これに対して，非定型的意思決定は新規の問題や，構造が複雑で明確でない問題（構造化されない問題；unstructured problem）に相当し，プログラム化が困難なものである。前者は，比較的安定した環境におけるルーチン化された行動パターンであり，ORや経営工学の多くの計量化された手法が，その際に中心的な役割を果たす。後者の非定型的意思決定を解決するための現代的手法は，未だ確立されておらず，Simon[1.4]はその解決の原則としてヒューリスティックな問題解決を提示している。すなわち，試行錯誤を繰り返して評価しながら，自己発見的に問題を新たに解決する方法である。しかしながら，ORや経営工学の飛躍的発展により，定型的意思決定のみならず，こうした非定型的意思決定に対する管理手法が，現在では多角的に検討・研究されている。

1.3　一般システム理論

　一般システム理論[1.5]は，その原理的基礎を生物学に求め，あらゆる環境と相互作用する社会システムの成長を進化として捉える。その際，システムを構成する個（要素）の相互作用と，自己規制のプロセスを有するシステムの進化能力が主たる研究視座となる。こうした観点を一般の社会組織に適用すれば，組織は閉鎖系ではなく，あらゆる社会環境と相互作用する開放系（オープン・システム）として認識され，有機体的秩序を有することになる。また，システム内の関係も重要な観点となるため，組織を構成する要素間のシナジー効果が一つの主たる研究対象となる。さらに，生態学的観点に立脚すれば，生物のように組織を構成する個（要素）はその質的特性や機能

がそれぞれ異なるため，個（または各機能）の柔軟性や関係性が強調され，従来の「管理過程」やヒエラルキー・コントロールの観点に偏った経営管理論の限界を補完することができる。こうした一般システム論により，従来の「管理過程」のような細分化した観点に対して，全体あるいは動的相互作用からの有機体論的な考え方が登場し，経営管理論，さらには商学・経営学におけるシステム的思考を形成する契機が設けられたのである。

これは，Bertalanffy[1.5]の「部分や過程をばらばらに研究するだけでなく，それらを統一するオーガニゼーションと秩序のうちに見いだされる決定的諸問題を解くことも必要である。そうしたオーガニゼーションや秩序は，部分間の動的な相互作用の結果であり，部分を切り離して研究するときと全体の中に置いてみるときとでは，それらの振る舞いを異なるものにしている」という指摘からもわかるであろう。当然のことながら，こうしたシステム論的な観点が，環境への適応のみならず，環境を積極的に開拓していこうとする組織固有の内的発展性を否定するわけではない。

1.4 経営システム

本節では，一般システム論の要素と全体という視点から，Bertalanffy[1.5]とBuckley[1.6]に基づき，「経営システム」について考えていくことにする。従来，経営システムにおける主たる「要素」は経営資源である。従来，経営資源はヒト（man），モノ（material），カネ（money），すなわち3Mとされてきた。現在では，これに情報（information）を加えて，3M+Iを経営資源として捉えている。すなわち，経営システムの主たる要素は3M+Iである。経営管理において，これらの要素に焦点を当てた研究課題が，人的資源管理・生産管理・財務管理・情報管理等である。本書では，これらの要素（3M+I）の管理について，商学・経営学と経営工学を融合する観点からの解説を試みている。ただし，「モノ」については，生産管理のみでは網羅しきれないため，販売管理（広義の顧客満足のためのマーケティング）・品質管理・新製品開発管理といったテーマに関しても取り扱っている。

次に,「全体」についてであるが,これを単純に表現すれば「経営システム」それ自体ということになる。しかしながら,「経営システムの全体が経営システムである」といっても,あまり意味を持たないため,他の概念で表現するとすれば「経営組織」がこれに最も近いものであると考えられる。システムの全体を経営組織として捉えた場合,それを構成する要素は部門や従業員になるため,経営システムの3M+Iを中心とした幅広い要素をすべて網羅することはできない。しかしながら,生産システムや情報システム等,個別のシステムに焦点を当てるよりも経営システムの全体に近いものとなる。

　そこで,「システムとしての経営組織」に焦点を当てて,もう少し詳しく検討してみよう。経営組織の上位システムとしては「社会システム」が存在する。藤田[1.7]によれば,この社会システムは,人間およびその集団を構成要素とするシステムであり,その構成要素たる人間またはその集団が「自律的」な意思決定者である点に大きな特徴があるとされる。したがって,組織は,共通の目的(有機的結びつき)を持った人間またはその集団(要素)から成るシステムという点において,社会システムの1つの類型である。社会システムの1つの類型であるということは,人間が意図的に(共通の目的にしたがって)作り出したシステムであることを意味するため,組織は明らかに「人工システム」である。ここで,「共通の目的」を持つというところが大切である。それは,Ackoffの目的設定システム[1.8] (purposeful system) に対応づけられ,さらにはBarnard[1.9]の組織成立の必要十分条件における「協動」をもたらすからである。

　しかしながら,藤田[1.7]によれば,経営システムはそれと同時に「自然システム」でもあるとされる。なぜなら,自然システムとしての「人間」をその構成要素に含むからである。そして,人間は自律的な意思決定の主体であるため,組織は固有の目的にしたがって意図的に作り出されたにもかかわらず,設定された目的や意図に沿わないような行動をとることもありうる。また,地震や台風といった環境としての自然システムの影響を多分に受けるのである。ここに人工システムであり,自然システムでもある組織というシステムの複雑さと難しさが存在する。したがって,組織というシステムの問題

を考える上では、「全体」の目的と要素（人間）の意思決定の両面に焦点を当てなければならず、両者のベクトルは必ずしも整合的ではない（この問題を、山下[1.10]-[1.12]は企業最適方向ベクトルと、部門あるいは個人最適方向ベクトルとの間のギャップとして記述している）。このように、経営システムの問題を考える上では、システムとしての経営組織がその中心に位置づけられるが故に、人間や人間集団の複雑な意思決定に目を向けることが必要なのである。

1.5 経営資源による経営管理の体系

前節でも述べたように、経営システムの主たる構成要素は、ヒト・モノ・カネ・情報といった3M+Iの経営資源であり、これらの構成要素が商学・経営学ならびに経営工学の個別的な研究分野を構成している。すなわち、「ヒト」の分野は人的資源管理、人事・労務管理、人間工学、「モノ」の分野は

表1-1：経営管理の体系

経営資源	分野
ヒト	人的資源管理
	人事・労務管理
	人間工学
モノ	生産管理
	販売管理
	品質管理
	設備管理
	在庫管理
	資材・購買管理
	物流管理
カネ	財務管理
	原価管理
	経営分析
情報	情報管理

生産管理，販売管理，品質管理，設備管理，在庫管理，資材・購買管理，物流管理，「カネ」の分野は財務管理，原価管理，経営分析，「情報」の分野は情報管理である。ただし，前節で述べた通り，モノの管理については，生産管理と販売管理に大別することができ，その他の品質管理，設備管理，在庫管理，資材・購買管理，物流管理は広い意味での生産管理に含めて考えることもできる。

一方で，経営工学またはORの方法論に注目した場合，実験計画法，多変量解析，時系列解析，情報理論，ファジィ理論等の分野があげられる。これらは，一般の商学・経営学の領域には含まれない。しかしながら，企業活動を「経営システム」として捉える場合，経営資源の有機的相互作用と全体としての秩序形成に対する科学的アプローチの重要性を考慮すれば，こうした方法論が経営システムにおいて果たす役割は大きいであろう。

〈参考文献〉

[1.1]　秋山義継『経営管理論』創成社，2006年。
[1.2]　Ansoff, H. I., *Corporate Strategy*, McGraw-Hill, 1965.（広田寿亮訳『企業戦略論』産業能率短期大学出版部，1969年。）
[1.3]　Anthony, R, N., *Planning and Control Systems*, Harvard Univ. Press, 1965.（高橋吉之助訳『経営管理システムの基礎』ダイヤモンド社，1968年。）
[1.4]　Simon, H, A., *The New Science of Management*, Prentice-Hall, 1977.（稲葉元吉・倉井武夫訳『意思決定の科学』産業能率大学出版部，1979年。）
[1.5]　Bertalanffy, L. von, *General System Theory*, George Braziller, 1968.（長野敬・太田邦昌訳『一般システム理論』みすず書房，1973年。）
[1.6]　Buckley, W., *Sociology and Modern Systems Theory*, Prentice-Hall, 1967.（新睦人・中野秀一郎訳『一般社会システム論』誠信書房，1980年。）
[1.7]　藤田恒夫『経営組織システム論』中央経済社，1989年。
[1.8]　Ackoff, Ro L., "Toward a System of Systems Concept," *Management Science*, Vol. 17, No. 11, 1971, pp. 661-671.
[1.9]　Barnard, C. I., *The Functions of the Executive*, Harvard Univ. Press, 1938.（山本安次郎・田杉競・飯野春樹訳『新訳経営者の役割』ダイヤモンド社，1956年。）
[1.10]　山下洋史・尾関守「組織における学習の二面性に関する研究」『日本経営工学会誌』Vol. 45, No. 3, 1994年，246-251ページ。
[1.11]　山下洋史『人的資源管理の理論と実際［改訂版］』東京経済情報出版，2000年。
[1.12]　山下洋史「学習速度を考慮した組織学習の二面性の分析モデル」『山梨学院短期大学研究紀要』No. 14, 1994年，123-127ページ。

2章
人的資源の管理と支援

2.1 人的資源管理とは

 近年，組織における「ヒト」の管理を表す際に，人的資源管理（Human Resources Management; HRM）という呼称が頻繁に使用されるようになった。従来は，「人事・労務管理」と呼ばれてきた呼称が「人的資源管理」へと置き換えられつつあり，「人的資源管理」なる呼称が社会に浸透していったのである。もちろん，現在でも人事・労務管理という呼称は多く用いられており，この呼称が消滅したわけではない。しかしながら，しだいに「人的資源管理」の呼称が用いられることが多くなっているのである。

 そこで，まず従来の人事・労務管理と人的資源管理がどのように異なるのかについて，検討してみよう。これに関して，奥林[2.1]は次の3点を指摘している。

① 人的資源管理は，人事・労務管理の研究対象の拡大として，企業における経営戦略と人事・労務管理制度の双方を含む。
② 上と同様に，人事・労務管理の研究対象の拡大として，企業の組織構造をその対象に含めている。
③ 人事・労務管理においては，職務に適した能力を持つ人材をいかに能率的に選ぶかが重要な課題であったが，人的資源管理では経営条件の変化に適応するための「能力開発」に注目する。

 ①は，経営資源（3M+I；ヒト，モノ，カネ，情報）の最適配分を図る経営戦略の一環として，企業における人的資源を捉えようとする立場を強調するものである。従来の人事・労務管理が，主としてその「制度面」を研究対

象としてきたのに対して，人的資源管理は，それらの諸制度が企業経営全体の中でどのような役割を果たし，経営戦略といかに結びついているかについて注目するのである。

　例えば，人的資源管理では，従来のただ単に必要とする人数だけ確保するという採用ではなく，いかに他社よりも優れた人材を，他社よりも少ないコストで確保し，その人材の能力をいかに高めていくかという戦略が求められる。すなわち，人的資源管理をシステムとして捉えた場合，経営管理システムのサブ・システムであるとともに，経営戦略システムのサブ・システムとして位置づけるのである。ここで，「戦略」であるということは，その背後に必ず他社との競争があることを意味しており，この競争に勝ち抜くためのプランを作成し，それを確実に実行することがここでの課題となる[2.2]。

　②については，企業におけるヒト，そして労働の問題と組織の問題は密接に関連しているため，組織構造の問題は従来の人事・労務管理でもその研究対象に含まれていたが，人的資源管理ではこの問題に対して，より強い関心を示していることを意味する。特に，ヒエラルキー・コントロールに基づく垂直的な組織構造と，水平的なコーディネーションに基づくフラットな組織構造との比較の問題は，この視点からの議論における重要な課題である。さらに，こうした対比に関連して，本章の9節では「管理」中心の堅い組織（tightly coupled system）から「支援」中心の柔らかい組織（loosely coupled system）への流れを論じている。

　③における能力開発は，経営環境の変化およびそれにともなう組織構造の変化に対して，企業戦略や新製品開発の意思決定といった面で弾力性のある適応能力を養うことを意味する[2.3]。その意味から，従来の固定的な職務要件と職務遂行能力との対応でなく，人的資源の潜在能力を引き出し，組織や環境への「フレキシブル」な適応能力を育てることが，人的資源管理の課題となるのである。

2.2 人的資源管理の目的

人的資源管理は，a) 生産やサービスの源泉となる「労働力」の側面，b) 機械と違って欲求や感情を持った人間であるという「労働者人格」の側面，c) 労働者ができるだけ高い賃金を得ようとし，労働組合を構成する「賃金労働者」の側面，といった労働者の持つ3つの側面をその対象としている[2.3]。このように，人的資源（労働者）が3つの側面を持つことは，他の経営資源（モノ，カネ，情報）にはない特徴であり，人的資源管理の複雑な構造を表している。

一方，組織が人的資源（労働者）に対して求めるもののほとんどは，「労働力」である。「人的資源」ということば自体にも，この労働力の性格が強く表れているように思われる。しかしながら，人的資源からa) の労働力のみを切り離して取り扱うことはできない[2.3]。すなわち，b) の労働者人格を無視した人的資源管理を行えば生産性は低下し，c) の賃金労働者の側面を無視すれば組織内の労働秩序が不安定なものとなってしまうのである。これら3つの側面を総合的に管理しなければならないところに，人的資源管理の難しさがある。

人的資源管理の究極の目的は，他の経営管理（生産管理，販売管理，財務管理，情報管理等）と同様に，利潤最大化に貢献するところにあり[2.3]，このことを労働者の持つ3つの側面に対応づけることにすれば，人的資源管理の目的を次のように整理することができる[2.4]。

まず，a) の労働力の側面における目的は「人的資源の有効活用」にある。そのためには，タイムリーな人事情報に基づき，採用，配置，異動，昇進・昇格，退職といった一連の雇用管理を適切に行い，労働者の能力開発を支援することによって労働力の質を高めることが求められる。

次に，b) の労働者人格の側面についてであるが，この目的は「労働意欲の高揚」にある。人的資源は，労働力を備えた経営資源であるが，それ以前に人格を持った人間である。職務や職場に満足して，自分からすばらしい仕

13

事をすることもあれば，やる気をなくして，言われたことしかやらない，あるいは手抜きの仕事で済まそうとしてしまうこともある。このことは，人間が機械と違って欲求や感情を持った存在であり，労働の結果がこれらの要因に大きく左右されることを意味する。したがって，本人の適性や作業環境，さらには人間関係に注意を払い，仕事を通して自己実現をめざすよう動機づけていくことが求められるのである。これは，人的資源に対する管理（コントロール）のみならず，支援（サポート）が必要であることを示している。なぜなら，仕事に対する動機づけには，上司からの管理よりも支援の方が適していると考えられるからである。

　c) の賃金労働者の側面における目的は，「労働秩序の安定化」[2,3]にある。労働者は企業に対して労働力を提供し，その対価としての賃金を受け取る。いわば，労働力が商品，賃金が代金に相当するのである。このように考えると，賃金の額は価格となり，売り手である労働者はできるだけ高い価格を希望し，買い手である企業は低い価格に抑えようとする。その際，労働力の需要と供給の関係で価格（賃金水準）が決定されるわけであるが，労働力という商品は労働者人格や賃金労働者と一体化しているため，実際の賃金水準の決定要因はもっと複雑である。

　もし，この賃金が労働者にとって低いものであれば，不満を引き起こすことになる。その際，賃金労働者は経営者と対等な立場で，賃金をはじめとする労働条件を交渉するために，多くの場合「労働組合」を組織しており，もし賃金が低くて納得することができないものであれば，ストライキ等の争議行為に入ることもありうる。したがって，賃金労働者の側面はその集合体としての労働組合も対象に含むことになり，「労使関係の安定化」がここでの重要な課題となる。すなわち，労働者個人の不満のみならず労働組合の不満も解消し，労働秩序を安定化させることが，c) の目的となるのである。

2.3　人的資源管理の主体

　前節で述べたような a) 〜 c) の目的を達成するために，人的資源管理を行

うのは誰であろうか？　一般に，人的資源管理は専門の人事スタッフが行うものと考える傾向があるが，人事スタッフのみならず，これに経営者（トップ）と職場の管理・監督者を加えた三者が一体となって行うべきものである．

　経営者は，自社の経営理念に基づいて人的資源管理の方針を決め，従業員を採用する際の最終的な面接と意思決定を行う．さらに，労働組合との団体交渉についても行う．一方，人事スタッフは，人事・労務管理制度を運用し，経営者や職場の管理・監督者に対して，従業員に関する資料を提供するとともに，助言や支援（support）を行う．また，給与計算や新入社員教育，管理・監督者教育等の職場外教育訓練（off JT; off the Job Training）の企画・運営についても行う．

　しかしながら，人的資源管理を直接的，そして日常的に行う行動主体は，職場の管理・監督者である．職場の管理・監督者は，従業員を監督し，仕事を教え（職場内教育訓練，OJT; On the Job Training），人事考課における評定を行う．また，しばしば従業員の相談に乗り，職場の人間関係に注意を払う．すなわち，管理・監督者は職場の目標達成（主として管理）と集団維持（主として支援）の両面においてリーダーシップを発揮するのである．

　このように，経営者，人事スタッフ，職場の管理・監督者が一体となって行う人的資源管理には，多くの研究領域が存在し，それに関する研究テーマも多様である．以下では，人的資源管理の研究領域においてその核となる「人事情報管理」，「雇用管理」，「賃金管理」，「労働条件管理」，「労使関係管理」，「労働意欲の管理」について概説していくことにしよう．

2.4　人事情報管理

　人事情報は，「職務に関する情報」と「従業員に関する情報」に大きく二分することができ，前者には職務分析に基づく職務記述書，職務明細書，職務評価が，また後者には人事考課，職業適性検査や性格検査の結果，履歴書等が含まれる．これらの中で，人事情報管理において中心的役割を果たすも

のは，「職務分析」と「人事考課」であり，それぞれが職務に関する情報と従業員に関する情報の核となるのである。人事情報管理の目的は，人事情報の設計，収集，整理，分析を通じて，雇用管理，賃金管理等の人的資源管理の領域，および生産管理や財務管理等，他の経営管理の領域に貴重な情報を提供することにある。

　しかしながら，日本では米国に比較して，詳細な職務分析を回避しようとする傾向がある。それは，日本において「職務給」を採用している企業が少ないからであり，職務給を採用していなければ，詳細な職務分析に基づく職務評価を行う必要性が少ないからである。また，日本では，マニュアル通りの仕事ではなく，仕事の進め方自体を実務担当者に権限委譲し，改善を繰り返していこうとするため，詳細な職務分析を行ってもすぐに仕事の進め方が変化してしまうからである。さらに，激しい環境の変化がこうした傾向に拍車をかけているものと思われる。そういった意味で，上記のような職務分析軽視の傾向は，日本の組織に適合した特性なのかもしれない。

2.5　雇用管理

　雇用管理は，従業員の採用から退職に至る一連のプロセスの管理を意味し，採用管理，配置管理，昇進・昇格管理，退職管理により構成される。そういった意味で，雇用管理は人的資源管理の起点となる管理[2,3]であろう。

　採用管理は，企業にとって必要な人的資源とは何かという「採用ポリシー」と，企業が必要とする人員数を企業全体，部門別，職種別に確定するための「要員計画」とに従って，人的資源を募集し，選考し，採用するための管理である。その際に，いかに他社よりも優れた人材を，他社よりも低いコストで確保し，その人材の能力をいかに効率よく高めていくかという戦略が求められることは前述の通りである。

　配置管理は，職務と人的資源の合理的な結びつきを図るための管理であり，この「合理的な結びつき」には2つの側面がある。その1つは，職務の資格要件と人的資源の適性を結びつける，いわゆる「適材適所」の配置であ

る。これは「適性配置」と呼ばれ，配置管理の基本となる考え方である。こうした適性配置を行うための職務側の情報は職務分析によって，また人的資源側の情報は主に人事考課によって得ることになる。もう一つは，人的資源の適性には合致しないような職務にあえて配置するという側面である。山下[2.5]は，これを「（未来志向的）非適性配置」と呼び，従業員の不得意分野の克服によるキャリア・アップ，従業員の幅広いスキルの形成による局所最適化[2.6]の防止，環境の変化にともなう再配置の際のフレキシビリティ向上といった効果を指摘している。したがって，図2.1のように，「適正配置」は適性配置と（未来志向的）非適性配置により構成される。

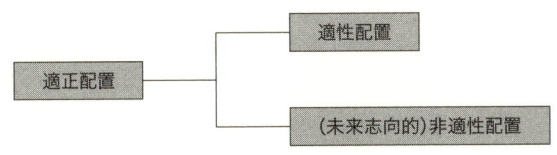

図2.1　適正配置の構成

　昇進・昇格管理は，現在の役職よりも上位の「役職」に上昇させるための昇進管理と，現在の資格よりも上位の「資格」に上昇させるための昇格管理により構成される。ここで，昇進は一般→係長→課長→部長というような役職の上昇を，一方で昇格は一般→主任→主査→主事→主幹というような資格の上昇（企業によって，名称が異なる）を意味する。一般に，昇進・昇格は，責任・権限の強化，担当領域の拡大，賃金の上昇をともなうため，従業員にとっては労働意欲の源泉となっている。

　また，従業員がより高いランク（役職・資格）に就くためには，長期的な学習や努力を継続することが求められるため，従業員のモラールを高め，それを長期的に維持することに貢献する。さらに，日本企業では「何の仕事をするか」よりも「高いランクを得ること」が優先される傾向があり，これは青木[2.7]のいう「ランク・ヒエラルキーによるインセンティブ」に相当する。すなわち，特に日本では，昇進・昇格管理が従業員にとっての重要なインセンティブとなっているのである。

しかしながら，戦後の高度成長期とは異なり，バブル経済崩壊後は組織の拡大が停滞し，新規のポストを期待することができなくなるばかりか，今まであったポスト（役職）もいつ消滅するかわからない状況になっている。これとは反対に，高齢化と高学歴化により昇進を期待する層が拡大しているため，こうしたポスト不足は深刻な問題となっている。そこで，このようなポスト不足に対応するために，多くの企業が「昇進から昇格へ」のシフトを進めている。すなわち，「資格」を上昇させることで役職の上昇の替わりにしようとしているのである。近年では，こうしたシフトを進める企業が多くなるにつれ，昇格はしても昇進はしないという「ねじれ現象」の問題も生じている。

　退職管理は，日本の場合，その多くが定年退職の管理を意味するが，他にも中途退職の管理があり，この中途退職が若年層を中心として増加する傾向にある。定年退職は，ある一定の年齢になると自動的に退職となる制度であり，それぞれの企業でその年齢が定められている。

　現在の退職管理において最も大きな課題は，「定年延長」であろう。それは，少子高齢化が急速に進展している中で，定年延長を進めない限り，社会全体として扶養者が少なく被扶養者が多いというアンバランスな構造になってしまい，年金問題を中心として被扶養者を支えきれなくなってしまうからである。一方で，バブル経済崩壊→リーマンショック→東日本大震災と続く不況により，現在の年功型賃金のもとで多くの高齢者を雇用することが困難な状況となっている。そこで，定年を延長するか否かの問題のみならず，年功型賃金や終身雇用を含めて総合的に検討していく必要があり，そういった意味から定年延長の問題は退職管理の中心的課題として位置づけられるのである。

2.6　労働条件管理

　労働条件管理は，賃金管理，福利厚生管理，労働時間管理，安全衛生管理によって構成され，賃金管理と福利厚生管理は労働報酬面の管理として，ま

た労働時間管理と安全衛生管理は労働環境面の管理として位置づけられる。ただし，賃金管理については，労働条件管理のみならず，人的資源管理全体にとってもその核となる管理であるため，労働条件管理から独立させて単独で労働条件管理と同等の管理として位置づける考え方もある。

そこで，まず労働条件管理において最も重要なテーマとなる「賃金管理」から考えていくことにしよう。「労働」を最も単純化して捉えれば，労働者が企業に商品としての「労働力」を提供し，その対価（代金）として「賃金」を受け取るという構図になる。このような労働対価性を含めて，賃金管理は次のような3つの役割を持つ。

① 労働対価性
② 生活保障性
③ コスト性

上記のように賃金は，労働者にとっては，①労働の対価として，②生計を支えるための基盤となると同時に，企業にとっては③コストとなるために，賃金水準は単純なメカニズムで決定されるわけではない。そこで，賃金水準の主たる決定要因を整理すると，下記の4つの要因[2,3]を指摘することができる。

① 労働力の需給バランス
② 労働者の生計費
③ 企業の支払能力
④ 労働組合の交渉力

賃金水準はこれらの要因が複雑に複合して決定されるのであるが，個人レベルでの賃金は各企業の「賃金形態」によってその決定方法が大きく異なる。代表的な賃金形態には，米国で一般的な「職務給」と，日本で一般的な「属人給」および「職能給」がある。

職務給は，職務の重要度や難易度によって決定される賃金形態であり，「同一職務同一賃金」の原則に従って，職務と賃金が対応づけられている。

職務給のもとで，労働者が高い賃金を得るためには「職務評価」の高い職務に就くことが必要であり，その際には高い職務遂行能力・専門能力が求められる。そこで，職務給は一般に能力主義的な賃金形態であると考えられており，完全な「同一職務同一賃金」の原則通りのシングル・レートと，同一職務でも経験や実績等の個人差をある幅（レンジ）で反映させるレンジ・レートに分類される。

属人給は，勤続年数，年齢，学歴等，従業員の属性によって決定される賃金形態である。日本企業では，これまで新卒の学生を一括採用し，そのまま定年まで雇用する（終身雇用）という考え方が強かった。その際，年齢が高くなることは必然的に勤続年数も長くなるため，別名「年功賃金」とも呼ばれる[2.8]。

職能給は，職務遂行能力に応じて賃金を支払う賃金形態であり，日本では属人給を補完する役割を果たしている。日本における従来の職能給は勤続年数を重視してきたため，職務給と年功型賃金の妥協的な賃金形態として位置づけられ，実質的には年功的な色彩が濃いものであった[2.3]。現在は，日本企業でも能力主義的な人的資源管理へのシフトの必要性が叫ばれており，それに伴い職能給の果たす役割は大きくなる傾向にある。

労働基準法第24条には，下記のような賃金支払いの5原則が定められており，事業者は確実にこれらを守っていかなければならない。

① 通貨払いの原則
② 直接払いの原則
③ 全額払いの原則
④ 毎月1回以上払いの原則
⑤ 一定期日払いの原則

一方，福利厚生管理は，企業の費用負担で運営される福祉政策の総称としての「福利厚生」の管理を意味し，その果たす役割はフリンジ・ベネフィット（fringe benefit）と呼ばれる。福利厚生は，組織（企業や公共機関）としてのスケール・メリットを活かすという点にその存在価値が認められるとと

もに，これが費用として企業にとっても，労働者にとっても，多くの場合，税控除の対象となる点が重要である[2.9]。

福利厚生は，法律によって義務付けられている「法定福祉」と，企業が任意に行う「法定外福祉」とで構成される。前者は，健康保険，厚生年金保険，雇用保険等，社会保険に対する企業の費用負担を主たる内容としている。一方で，後者は企業の自主性に任されているため，その内容は企業によって異なり，住宅（社宅，独身寮），医療施設，レクリエーション施設，給食・被服・通勤の生活援助等，その範囲は多岐にわたっている。

次に，労働時間管理についてであるが，一般に労働時間の短縮（時短）をはじめとする労働時間の「長さ」の側面に焦点が当てられる傾向にあるが，次のような4つの側面[2.3]を総合的に管理していくことが求められる。

① 労働時間の長さの管理
② 労働時間の配置の管理
③ 交替制の管理
④ 休日の管理

最後に，安全衛生管理についてであるが，労働者にとっては自己の肉体的・精神的な健康を維持・促進するために，また企業や公共機関にとっては人的資源から最大限の労働能率を引き出すために，それぞれ不可欠な管理がこの「安全衛生管理」である。そこで，企業や公共機関が十分な安全衛生管理を行うよう，詳細の規定が「労働安全衛生法」により定められている。従来，安全衛生管理は，照明，温湿度，換気，騒音，振動，粉塵等，主として人間の肉体に悪影響を及ぼすような要因をその対象としていた。最近では，こうしたフィジカルな側面に加えて，「メンタル・ヘルス」が注目されるようになっている。それは，上からと下からの板ばさみによる中間管理職のストレス，機械化や職務の細分化による労働疎外感等のストレスが多くなっているからである。そこで，職場での人間関係へのケア，カウンセリング体制の確立，充実した福利厚生施設等により，メンタル・ヘルスを大切にしようとする考え方が定着しつつある。

2.7 労使関係管理

労使関係（labor-management relations）とは，労働者と使用者あるいは経営者との関係を意味する。さらに，この関係を拡張して，労働組合と経営者の関係，また労働組合の連合体と経営者団体の関係を意味することもある。

労使関係と類似した関係として，労資関係（labor-capital relations）があり，これは労働者と資本家との関係を意味する[2,3]。両者が一致することもあるが，一般には資本家と経営者は一致しないため，労使関係と労資関係とを区別して考えることが必要であり，ここで述べるテーマはもちろん「労使関係」である。労使関係管理を考える上で基盤となる労働者の権利は，憲法28条で保障されている「労働三権」であり，これは①団結権，②団体交渉権，③争議権を意味する。

①の団結権は，労働者が団結して「労働組合」を組織・運営する権利であり，日本では「企業内組合」が多いという大きな特徴がある。これにより，日本の労使関係は企業の存在の上に成立することになるため，欧米に比較して両者の利害が一致するような側面が広い。さらに，このことが日本企業の発展の一要因となっているとの指摘も多い。

②の団体交渉権は，労働組合の代表者が団体としての立場から経営者と交渉を行う権利である。これにより，どうしても1人では弱い立場にある労働者が，経営者と対等な立場から労働条件等の交渉（団体交渉）を行うのである。団体交渉の議題は，経営政策全般にわたってよいことになっているが，これが義務づけられているのは労働条件と労使関係に関する事項に限られている[2,3]。労働組合法では，経営者に対して団体交渉での「誠実交渉義務」が課せられており，経営者が労働組合との交渉を拒否することはできない。

③の争議権は，団体交渉において合意が得られなかった場合に，労働者が争議行為に入る権利のことを意味する。争議行為は，正常な業務の運営を妨げる行為であり，労働者によるストライキをはじめとして，怠業（サボ

タージュ），職場占拠，ボイコット等がある。正当な争議行為には，「刑事免責」，「民事免責」，「不利益取り扱いからの保護」が与えられている。争議行為中の賃金は「no work-no pay」の原則に従って，基本的にカットされる[2.3]。この争議行為が展開されても労使の合意が得られなかった場合には，第三者（公益委員）が調整に入って公的調整が行われ，これが争議行為解決のための最終的な調整となる。

2.8 労働意欲の管理

人的資源から労働力のみを切り離すことはできず，前述のように「労働者人格」の側面を無視した人的資源管理を行えば，労働意欲は低下してしまう。その意味から，こうした労働者人格の側面を十分にふまえ，「労働意欲をいかに高めるか」は重要な課題であり，これに関しては，従来よりモラール（士気・やる気），モチベーション（動機づけ），リーダーシップの側面から多くの研究が展開されている。

モラールは，「人間関係論」において重視される概念であり，テーラーの科学的管理法以来，ともすれば軽視されがちであった人間の心理的要素に焦点を当てたところに，その意義を見出すことができる。こうした人間関係論の契機となった実験が，有名な「ホーソン実験」である。ホーソン実験の意義は，労働者が，テーラーの科学的管理法で前提とするような物理的要因によってのみ影響される単なる「経済人」ではなく，非公式集団（インフォーマル・グループ）がモラールに強い影響を与える社会的存在（社会人）であることを明らかにした点にある[2.10]。しかしながら，「人間関係や人間そのものの心理面を重視し，その意義をいくら強調しても，費用の論理と能率の論理に基づいて形成されている組織が，人間行動に対して与える影響は解明しきれない」[2.3]というところから，人間関係論は1960年代には衰退していってしまった。

このように，人間関係論の理論的限界が指摘されるようになったとき，内発的動機づけによる自己実現（self-actualization）の欲求を主眼に置いた，新

しい動機づけ理論として「行動科学」(behavioral science) が生まれた。行動科学では，人間行動を内発的動機づけの側面から説明しようとする立場をとっている。すなわち，人間は自分自身を動機づけていくように事態を構造化する能力を持っていると考え，自己の環境を効果的かつ創造的に処理したいという内発的動機づけを有しているとする立場である。行動科学における代表的な理論には，マグレガーのX理論・Y理論[2.11]，マズローの欲求5段階説[2.12]，ハーズバーグの動機づけ・衛生理論[2.13]等がある。

一方，人間関係論や行動科学が主として実務担当者の人間行動に注目しているのに対し，リーダーシップの理論は管理者や監督者（リーダー）の行動に焦点を当てている。そこでは，集団を維持しながらその目標を達成するために，集団の成員に対して働きかける管理者や監督者の影響力を「リーダーシップ」として位置づけている。この問題に対して，三隅のPM理論[2.14]は，リーダーシップを目標達成機能（Performance; P機能）と集団維持機能（Maintenance; M機能）の2つの次元で捉えている。これによれば，仕事（P機能）と人間（M機能）の両面に注意を払い，集団目標の達成をめざすようにメンバーを導くと同時に，集団の友好的な雰囲気を作り上げるリーダーが理想とされる。

2.9 「支援」研究の展開

これまで，企業では3M（Man, Money, Material）の経営資源をいかに「管理」し，効率的な活動を展開するかに高い関心が寄せられてきた。そこで，これら3Mのそれぞれに対応して人的資源管理，財務管理，生産管理等の研究が進められ，企業活動の効率性を高めてきた。その後も，上記の3MにI（Information）を加えた3M+Iの「管理」により，こうした効率性のさらなる向上を図ってきたが，一方で管理される実務担当者の主体性や自律性を，ともすれば低下させてしまうという懸念を生むようになった[2.15]。これに関して，今田[2.16]は「近年，行き過ぎた管理機構のひずみや亀裂が集中的にあらわれ，管理の限界がいたるところで露呈するようになった」としてい

る。

　そこで，担当者の主体性・自律性を前提とした「支援」のアプローチが注目されるようになった。こうした「支援」概念に対して最も積極的かつ学際的にアプローチをしている研究グループが，筆者（山下）の属する「支援基礎論研究会」であろう。この支援基礎論研究会の研究成果をまとめた「支援学」[2.17]の中で，松丸は「管理と支援の共存」の必要性を指摘し，山下は「管理の強化は実務担当者の主体性・自律性を低下させる危険性が相対的に高いが，支援の強化はその危険性が低い」ことを示唆している。これまで管理の意識一辺倒であった組織運営に対する反省を促したのである。上記の「支援学」において，今田[2.16]は「支援」の概念を次のように位置づけている。

> 支援とは，何らかの意図を持った他者の主体的な行為に対して，その意図を理解しつつ，行為の質を維持・向上させる一連の働きかけであり，最終的に他者のエンパワーメントを図ることである。

出所：今田高俊「支援型の社会システムへ」支援基礎論研究会編『支援学』第1章，東方出版，2000年，11ページ（一部加筆修正）。

　さらに，筆者（山下[2.15], [2.18]）は，マネジメントを広義の管理として，またコントロールを狭義の管理として位置づけ，これらと支援（サポート）との関係について，図2.2のような枠組みを提示している。すなわち，マネジメントという意味での管理が，コントロールという意味での管理と支援（サポート）によって構成されると考えるのである。

　一方，日本企業の組織特性に目を向けてみると，管理部門や管理者から実務担当者への意思決定機能の権限委譲[2.19], [2.20]が一つの特徴となっており，これにより環境の変化やトラブルに迅速かつ柔軟に対応していくといわれる。そのため，業務プロセスにおける集権的コントロールの拘束力は弱く，実務担当者間の水平的コーディネーションによって業務が遂行されることが多い。このことは，権限委譲によって管理者の果たす機能を，相対的に「管理から支援」に近づけていることを意味する。職場での管理者の「ニコポン

```
                    ┌ 狭義の管理（コントロール）
広義の管理（マネジメント）┤
                    └ 支援（サポート）
```

図 2.2　管理と支援 [2.15], [2.18]

的行動」は，このことを具体的に表しており，心理面や職場環境面で管理者が担当者を「支援」しているのである。

2.10　二段階の管理―支援フレームワーク

前節で述べたように，管理は企業活動の効率性を高め，支援は従業員の主体性や自律性を高める役割を果たす。そこで，本章では筆者（山下[2.18]）の「図書館における二段階の管理―支援モデル」を基に，図 2.3 に示すような「企業活動における二段階の管理―支援モデル」を概説していくことにしよう。ただし，ここでいう「二段階」とは，「経営者 ⇔ 管理者（支援者）⇔ 担当者」という二段階の関係を意味し，管理と支援の対象を二段階のプロセスとして位置づける視点である。

図 2.3 のモデルにおいて，上記の 3 者（経営者，管理者，実務担当者）の「主たる関係」は，次のような ① 管理＆管理，② 支援＆支援である。

① 　管理＆管理：経営者が管理者を管理し，管理者が実務担当者を管理する
② 　支援＆支援：経営者が管理者を支援し，管理者（支援者）が実務担当者を支援する

ここで，これらを「主たる関係」としているのは，管理は管理を生みやすく，支援は支援を生みやすいという「図書館における二段階の管理―支援モデル」[2.18] の考え方に基礎を置いている。① については，経営者が管理者を厳しく管理しようとする意識の強い企業では，管理者と実務担当者の関係も管理中心になりやすいことを意味する。また ② については，経営者が管理者を支援しようとする意識の強い企業では，経営者が日頃，管理者の行動を

2章　人的資源の管理と支援

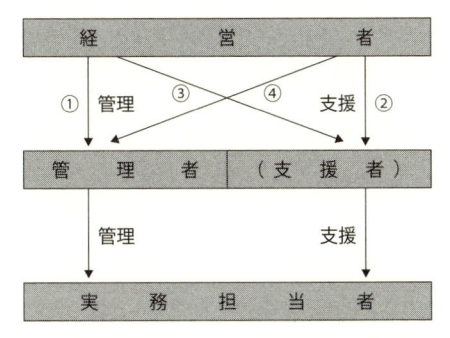

```
          ┌─────────────────────────┐
          │    経　営　　　者        │
          └─────────────────────────┘
           │①  管理 ③   ④ 支援 │②
           ▼       ╲ ╱       ▼
          ┌────────────┬────────────┐
          │ 管　理　者 │（支　援　者）│
          └────────────┴────────────┘
               │管理        │支援
               ▼            ▼
          ┌─────────────────────────┐
          │    実　務　担　当　者    │
          └─────────────────────────┘
```

図 2.3　企業活動における「二段階の管理─支援モデル」

支援しているため，管理者（支援者）も実務担当者を支援するようになるという関係である。すなわち，経営者と管理者の関係が，管理者と実務担当者との関係にも反映し，こうした関係（管理と支援）が企業全体に共有される方向に向かうのである。

　これらの関係から，実務担当者の主体性・自律性という観点において，企業，とりわけ経営者は「支援」を重視すべきことがわかる。なぜなら，管理者に対する（経営者の）支援中心の考え方は，実務担当者に対しても反映されるからである。また，従業員（実務担当者と管理者）の創造的な活動の源泉は従業員の主体性・自律性にあり，前述のように，こうした主体性・自律性を，管理でなく支援が高める役割を果たすからである。

　しかしながら，これは理想の状態を前提とした基本的なスタンスであって，すべての場面を支援で乗り切ることは現実には不可能である。なぜなら，実務担当者に対して十分な支援やリーダーシップを発揮しない管理者や，自己の職責を果たさない，あるいは顧客や取引先に迷惑をかける実務担当者もいるからである。これらの行動に対しては，ルールやマナー等，情報提供面での支援が必要であるが，それだけでは現実には不十分であり，やはり厳しい「管理」が必要となる。管理によってこれらの問題をすべて解決することができるわけではないが，正しい行動規範に基づき，企業がより良い製品やサービスを提供するためには，管理も重要なアプローチなのである。

　以上のことは，松丸のいう「管理と支援の共存」[2.17]を意味する。企業で

は，管理が必要な場面と，支援が必要な場面とが，それぞれ存在するのである。そこで，管理と支援の共存を前提とすると，前述の ① と ② に加えて，次のような2つのアプローチ（③ と ④）を考えることができる。

③ 管理 → 支援：管理者による実務担当者への支援を，経営者が管理する
④ 支援 → 管理：管理者による実務担当者への管理を，経営者が支援する

上記のように，③ と ④ の2つのアプローチを選択肢として加えることにより，企業における現実の状況下においても，① の「管理&管理」による管理の強化を回避することが可能となる。それは，管理の必要な場面においては管理を行うが，支援と組み合わせることにより，垂直的ヒエラルキー・コントロール中心の「堅い組織」（tightly coupled system）の方向に向かうことをできる限り避け，水平的コーディネーション中心の「柔らかい組織」（loosely coupled system）をめざそうとする考え方を意味する。これにより，メンバーの主体的・自律的な行動を支援すると同時に，主体的・自律的なメンバーを支援するのである。このような二段階の視点は，企業組織のみならず，経営者を首長・副首長や理事に置き換えれば，公共機関やNPO等においても広く通用するものではないかと思われる。そういった意味で，本章で述べた管理と支援の共存の考え方に基づく二段階のプロセスは，多くの組織におけるマネジメントのあり方に関して，新たなアプローチの方向性を示唆するモデルなのである。

〈参考文献〉

[2.1] 奥林康司『変革期の人的資源管理』中央経済社，1995年。
[2.2] 尾関守・山下洋史「総論」尾関守監修『労務管理』産業能率短期大学，2000年。
[2.3] 所正文『日本企業の人的資源』白桃書房，1992年。
[2.4] 山下洋史『人的資源管理の理論と実際』東京経済情報出版，1996年。
[2.5] 山下洋史・権善喜・臧巍「「未来志向的非適性配置」に関する研究」『第46回日本経営システム学会全国大会講演論文集』2011年，130-133ページ。
[2.6] 山下洋史「組織における学習の二面性に関する研究」『日本経営工学会誌』Vol. 45, No. 3,

2章 人的資源の管理と支援

1994年,246-251ページ.
- [2.7] 青木昌彦『日本企業の組織と情報』東洋経済新報社,1989年.
- [2.8] 大野高裕「賃金管理」尾関守監修『労務管理』産能大学,2000年.
- [2.9] 猪木武徳・大橋勇雄『人と組織の経済学 入門』JICC出版局,1991年.
- [2.10] 宮本日出雄「人間関係論と行動科学」尾関守監修『労務管理』産能大学,2000年.
- [2.11] McGregor, D. M., *The Human Side of Enterprise*, McGraw-Hill, 1960.(高橋達男訳『企業の人間的側面』産業能率短期大学,1966年.)
- [2.12] Maslow, A. H., *Motivation and Personality*, Harper & Row, 1954.(小口忠彦監訳『人間性の心理学』産業能率短期大学出版部,1971年.)
- [2.13] Herzberg, F., *Work and The Nature of Man*, World, 1966.(北野利信訳『仕事と人間性』東洋経済新報社,1968年.)
- [2.14] 三隅二不二『リーダーシップ行動の科学』有斐閣,1978年.
- [2.15] 山下洋史「日本の組織における「支援」の役割」支援基礎論研究会編『支援学』東方出版,2000年.
- [2.16] 今田高俊「支援型の社会システムへ」支援基礎論研究会編『支援学』東方出版,2000年.
- [2.17] 支援基礎論研究会編『支援学』東方出版,2000年.
- [2.18] 山下洋史「図書館における二段階の管理―支援モデル」『明治大学図書館紀要(図書の譜)』No. 5, 2001年,46-70ページ.
- [2.19] 山下洋史「組織における学習の二面性に関する研究」『日本経営工学会誌』Vol. 45, No. 3, 1994年,246-251ページ.
- [2.20] 山下洋史「ベンチマーキングにおけるエンパワーメントと組織活性化」『日本経営システム学会誌』Vol. 16, No. 2, 2000年,51-58ページ.

3章
財務管理・経営分析と金融工学

3.1 財務管理とは

　企業は，急速に進展するグローバル化・情報化に対応するための適切な意思決定に迫られている。そこで，グローバル競争力を強化すべく，海外生産への移行，新規事業分野への進出，技術開発力の強化のための設備投資，不採算事業の撤退や合併・買収（M&A; Mergers & Acquisitions）などの意思決定が行われている。こうした意思決定は，巨額の資金調達を前提とすることも多い。そこで，経営資源（3M+I）の一要素としての「カネ；Money」をどのように調達・運用するかが重要な課題となっている。この課題を解決するための財務的意思決定を研究する学問領域が「財務管理」である。

　ここで，財務管理は資金の運用・調達といった財務的な一面だけではなく，経営活動全般に対して大きな影響を及ぼすことに注意しなければならない。なぜなら，例えば製造業において継続的に製品のコストダウンを行っていても，為替レートや借入金の利子率の変動がコストダウンの努力をゼロにしてしまうからである。このように，企業活動における財務管理の役割は，企業経営全体に大きく関わっていることを理解していなければならない。そのため，財務管理には経営システムのバランスを保ちつつ，資金の調達・運用および利益について計画・調整・統制の3つの機能を果たすことが求められる。

　一方，財務管理の研究領域も大きく変化している。それは，Markowitzのポートフォリオ理論，資本資産評価モデル（Capital Asset Pricing Model; CAPM），Modigliani-MillerのMM理論やBlack-Scholesのオプション価格理論などに基づいた新しい流れが生じているからである。

3.2 利益管理と原価

(1) 原価

　企業が提供する製品・サービスは，研究開発・生産・販売を通して，多くの人手や，設備・機械などの固定資産を必要とする．例えば，製造業において製品を生産する際には，材料が消費され，労働が消費されることになる．原価は，製品やサービスを製造・提供するために要した財貨または用役を貨幣価値で表わしたものである[3.1]．

　この原価情報は，製品・サービスの価格の決定や利益計画などに有用である．以下では，原価の分類と原価の構成について述べていくことにする．

　① 原価の分類

　原価はその発生形態により，材料費・労務費・経費の3つに分類することができる（形態別分類）．さらに，原価はその製品と直接的に関連が認められるか否かによって，直接費と間接費に分類することができる．そして，これを形態別分類と組み合せることにより，直接材料費や間接経費などに分類することができる．

　② 原価の構成

　製品の原価は，製造直接費（直接材料費，直接労務費，直接経費）と製造間接費（間接材料費，間接労務費，間接経費）によって構成される．これは製造原価であり，製品の製造に要する原価である．

　総原価（total costs）は，製造原価と営業費からなる．営業費（operating expenses）は，販売費（selling expenses）と一般管理費（general administrative expenses）によって構成される．この販売費は販売活動から発生した費用であり，一般管理費は製造と販売のいずれにも分けられない企業全般の管理活動において発生する費用である．

　この総原価に利益を加えると製品の販売価格となる．

販　売　価　格								
総　原　価								
製　造　原　価						営業費		利益
製造直接費			製造間接費			販売費	一般管理費	
直接材料費	直接労務費	直接経費	間接材料費	間接労務費	間接経費			

図 3.1　原価の構成

(2)　利益管理

　企業は適正な利益を追求しなければならない。そこで，どのような事業や製品・サービスに資金を運用し，運用した資金をどれくらいの期間で回収することができるかを計画・調整・統制することは重要な課題である。さらに，企業は提供する製品・サービスの原価情報を基にして，適切な利益管理を行う必要がある。利益管理は，企業の収益が将来においてどれくらいになるかについての予測を可能にし，健全な企業経営へと導く。

　利益管理に不可欠な情報に原価があるが，一方で，生産高や売上高などの経営の操業度の情報が必要である。これにより，売上高が変化したときに，それに対応して原価がどのように変化するか（コスト・ビヘイビァー；cost-behavior）を捉えることができれば，利益を予測することが可能になる。つまり，利益＝売上高－総原価として計算することができるのである。

　このことからも，原価・経営の操業度・利益の関係（CVP 関係；Cost-Volume-Profit analysis）についての情報が利益管理にとって有用な情報であることがわかる。ここで，経営の操業度とは，一定期間における経営活動の程度を意味し，製品・サービスの売上高や，生産数量・販売数量・機械運転時間などで測定される指標である。

　原価は，経営の操業度との対応関係から固定費（fixed costs）と変動費（variable costs）に分類することができる。固定費は，売上高などの経営の操業度の変化に依存せず，一定期間変化せずに発生する原価をいう。変動費は，操業度の変化に比例して増減する原価をいう。また，売上高から変動費を差し引いた利益を，限界利益（貢献利益ともいう）といい，この限界利益

から固定費を差し引いて算定される利益が営業利益である。

なお，原価を固定費と変動費に分解する方法としては，個別費用法（勘定科目仕訳法）やスキャッター・チャート法・最小二乗法などがある[3.1]。

(3) 損益分岐点分析

利益管理において，売上高の増減に無関係の固定費および売上高の増減に比例して変動する変動費という2つの原価の情報から損益分岐点図表（break-even chart）を作成し，それを活用することができる。損益分岐点図表は利益図表ともいわれる。

損益分岐点図表は，横軸に操業度（売上高または生産高），縦軸に売上高と費用をとった図表である。また，固定費Fは一定であり，変動費Vは操業度に比例して増加するため，固定費と変動費の合計（総原価TC）を図3.2のように表すことができる。そして，売上高と総原価との一致する点が損益分岐点（break-even point）Eとなり，S_E が損益分岐点における売上高となる。

例えば，売上高 S_1 では総原価 TC_1 の方が多いために $TC_1 - S_1$ の損失が生

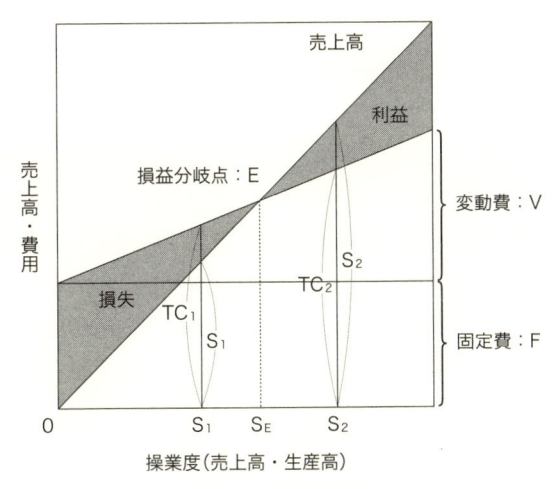

図3.2 損益分岐図表

じることになり，売上高 S_2 では総原価 TC_2 よりも多くなるので $S_2 - TC_2$ の利益が生じることになる。

すなわち，損益分岐点における売上高 S_E は，次式で与えられる。

$$S_E = \frac{F}{1 - \dfrac{V}{S}} \tag{3.1}$$

ここで，売上高 1,000 万円，固定費 400 万円，変動費 200 万円とすると，このときの損益分岐点となる売上高は，(3.1) 式より次のように求めることができる。

$$S_E = \frac{F}{1 - \dfrac{V}{S}} = \frac{400 \text{万円}}{1 - \dfrac{200 \text{万円}}{1,000 \text{万円}}} = \frac{400 \text{万円}}{1 - 0.2} = \frac{400 \text{万円}}{0.8} = 500 \text{万円}$$

3.3 経営分析

企業を評価する方法に，「経営分析」がある。経営分析では，誰がどのような目的で企業を評価するかにより，評価の方法・評価項目およびそのウェイトが異なる。

企業の利害関係者（Stakeholders; ステイクホルダー）は，経営者や従業員，株主・一般投資家，金融機関など多様であり，それぞれ評価の視点が異なる[3.2]。経営分析は，経営分析を行う主体が企業の内部者であるか外部者であるかによって，内部分析と外部分析に分類される。内部分析は企業内部から企業評価を行い，経営に有用な情報を提供する目的で行われる。一方，外部分析は，株主の立場からは今後の収益性や安全性を，与信者の立場からは支払能力を分析する目的のために活用される。

経営分析は，多くの場合，財務諸表を中心とした財務データを活用することになる[3.3]。以下では，主な分析指標をその目的別に示すことにしよう。

(1) 収益性分析

企業評価を行う際に，企業の収益獲得能力がどの程度であるかを分析することは重要である。こうした収益性分析のための代表的な指標に，総資本利益率がある。この総資本利益率は，純利益を総資本で割った指標であるが，この指標は次のように分解することができる。

① 総資本利益率（ROI; return on investment）

$$総資本利益率 = \frac{利益}{総資本} = \frac{利益}{売上高} \times \frac{売上高}{総資本} \\ = 売上高利益率 \times 総資本回転率 \tag{3.2}$$

総資本利益率は，売上高利益率と総資本回転率の2つの指標に分解することができ，この2つの指標がともに大きくなれば収益性が向上することを意味している。

② 売上高利益率

$$売上高利益率 = \frac{利益率}{売上高} \tag{3.3}$$

売上高利益率の分子を，それぞれ売上総利益，営業利益，経常利益，純利益へと置き換えることで，売上高総利益率，売上高営業利益率，売上高経常利益率，売上高純利益率が得られる。

(2) 安全性分析

企業の短期的な支払い能力や安全性を測定する際の代表的な指標に，流動比率と当座比率がある。

① 流動比率

$$流動比率 = \frac{流動資産}{流動負債} \times 100\% \tag{3.4}$$

② 当座比率

$$当座比率 = \frac{当座資産}{流動負債} \times 100\% \tag{3.5}$$

(3) 支払能力分析

　企業の長期的な支払能力や安全性を測定する際の代表的な指標に，自己資本比率と固定長期適合率がある。
　① 自己資本比率

$$自己資本比率 = \frac{自己資本}{総資本} \times 100\% \tag{3.6}$$

　② 固定長期適合率

$$固定長期適合率 = \frac{固定資産}{自己資本 + 固定負債} \times 100\% \tag{3.7}$$

(4) 投資尺度

　投資家の投資尺度となる代表的な指標に，株価収益率と株主資本利益率がある。
　① 株価収益率（PER; price earnings ratio）

$$株価収益率 = \frac{株価}{一株当たり利益} \tag{3.8}$$

　② 株主資本利益率（ROE; return on equity）

$$株主資本利益率 = \frac{純利益}{自己資本} = \frac{純利益}{売上高} \times \frac{売上高}{総資本} \times \frac{総資本}{自己資本} \tag{3.9}$$

　こうした単一の財務指標からの分析だけでなく，多変量解析や情報理論などの手法を財務データや財務指標に活用して，総合的な財務分析を行うこと

も多い。

3.4 金融工学の概要

「金融工学」は，一つの学問分野としてその成立過程を考えると，社会科学（主として，経済学および商学・経営学）と，工学および自然科学（主として，経営工学・ORおよび物理学・数学）の融合学問の性格を有しているが，最近では後者の演じる役割が相対的に大きくなっている。それは，「金融」に関わる経営現象や経済現象を，主として工学または自然科学のロジック（思想と方法論）で解明しようとするからであろう。本節では，こうした「金融工学」研究の発展の推移と，（金融工学のさまざまな研究課題の基盤となる）共通のモデルについて概説していくことにする。

基本的に「金融工学」は「金融」に関する学問であるが故に，古くから経済学の金融市場論や経営学の財務管理論と密接な関連性を有してきた。特に，財務管理の主要分野としての投資論の研究領域，すなわち経営分析・投資管理・資産価値の評価・リスク管理等から萌芽的に発展し，Altmanの企業倒産モデル・MM（Modigliani-Miller）定理・MarkowitzのEMH（Efficient Market Hypothesis）・Johnson & Steinの資産リスクヘッジ理論・Lintner & MossinのCAPM（Capital Asset Pricing Model）等の古典的な理論が構築されたのである[3.4][3.5]。こうした理論の発展を支えた基盤は，現在割引率のような従来からの概念を用いながらも，一方で統計学または多変量解析（たとえば，Altmanモデル）を応用し始めたところにある。とりわけ，Markowitzがリターンを期待収益率として，リスクを分散として捉えることで，統計学的な観点に立脚し，(3.10)式を満足する最小分散集合（期待収益率一定のもとで，リスクを最小化する銘柄集合）を導くポートフォリオ理論を構築したことは注目すべき点である。

$$min \quad \sum_{i,j=1}^{n} w_i w_j \delta_{ij} \qquad (3.10)$$

$$s.t. \quad \sum_{i=1}^{n} w_i r_i = \bar{r} \tag{3.11}$$

$$\sum_{i=1}^{n} w_i = 1 \tag{3.12}$$

ただし，w_i：銘柄 i の重み
　　　　δ_{ij}：銘柄 i と j の収益率の共分散
　　　　r_i：銘柄 i の期待収益率

この問題において，解が満たすべき条件は，(3.13) 式のようにラグランジュ未定乗数 λ と μ を用いて求めることができる。そこで，(3.13) 式を w_i で偏微分して 0 と置けば，最小分散集合を満足するそれぞれの w_i（銘柄 i に分配される投資比率）が導かれる。

$$min \quad \sum_{i,j=1}^{n} w_i w_j \delta_{ij} - \lambda(\sum_{i=1}^{n} w_i r_i - \bar{r}) - \mu(\sum_{i=1}^{n} w_i - 1) \tag{3.13}$$

また，解の領域が凸集合となるため，ポートフォリオ理論は自然に 2 次計画や凸計画等の最適化理論へとつながる。そのため，こうした最適化理論を主たる数理的基盤とする経営工学や OR の研究成果が金融や財務関連の領域に活用されるようになった。さらに，さまざまな制約条件のもとでの取引戦略や投資戦略，および最適ポートフォリオ構成に対する研究視座が提示され，Dantzig の線型計画法（LP; Linear Programming）や Bellman の動的計画法（DP; Dynamic Programming），データ・マイニング等，経営工学や OR で蓄積された計量手法が早い段階から積極的に導入されたのである[3.6]。

しかしながら，本格的な「金融工学」モデルの草分けは，Black-Scholes モデルであろう。これがオプションや先物の理論的な価格決定モデルを提示したことにより，金融理論のみならず，金融業界全体にも革命的な変化を生じさせたのである。方法論においても，Black-Scholes 以前は，既存の財務管理的な観点に工学的な最適化理論を加えた金融理論であったのに対して，それ以降は物理学・数学（とりわけ，確率微分方程式）といった理学が金融理論の飛躍的な発展を支えるようになった。したがって，現在の「金融工学」は

社会科学・工学・理学を包含する典型的な融合学問として位置づけられるのである。

Black-Scholes [3.12] は，どの時点においても2つの資産を組み合わせ，ポートフォリオを構成することにより，オプションの局所的な振舞いを複製することができるという前提のもとで，以下のような定式化を試みた。また，このような考え方は，（時間的な一様性と空間的な一様性を有する）推移確率密度とその拡散方程式の観点に類似しているため，Brown運動（または，Wiener過程）と伊藤の補助定理（lemma）がオプション価格決定理論に多く援用されている。

Black-Scholesモデルによれば，時刻 t において資産を無リスク資産 $N(t)$ とリスク資産 $R(t)$ にそれぞれ $\alpha(t)$ と $\beta(t)$ の量で配分しようとするとき，ポートフォリオ $\theta(t) = [(\alpha(t), \beta(t)), 0 \leq t \leq T]$ の価値 $V(t)$ は（3.14）式のようになる。

$$V(t) = \alpha(t) N(t) + \beta(t) R(t)$$
$$\text{ただし，} dV(t) = \alpha(t) dN(t) + \beta(t) dR(t), 0 \leq t \leq T \tag{3.14}$$

ここで，コール・オプションの価値 $V(t)$ を，t と $R(t)$ の関数 $f[t, R(t)]$ に書き直せば，

$$f[t, R(t)] = V(t) = \alpha(t) N(t) + \beta(t) R(t), 0 \leq t \leq T \tag{3.15}$$

となる。ここで，伊藤の定理と標準Brown運動の式により，（3.15）式を整理すれば，（3.16）式のようなBlack-Scholesの偏微分方程式（伊藤の定理と同形式）が導かれる。

$$\frac{\partial f[t, R(t)]}{\partial t} + \frac{1}{2} \sigma^2 R(t)^2 \frac{\partial^2 f[t, R(t)]}{\partial R(t)^2} + rx \frac{\partial f[t, R(t)]}{\partial R(t)} - rf[t, R(t)] = 0 \tag{3.16}$$

こうした関係に基づけば，行使価格 K，満期日 T のコール・オプションにおける時刻 t での価格 $V(t)$ は，

$$V(t) = R(t)\,\phi(d_1) - Ke^{-r(T-t)}\,\phi(d_2) \tag{3.17}$$

ただし，$\phi(\varepsilon):N(0,1)$ の分布関数

$$d_1 = \frac{\log\left[\dfrac{R(t)}{K}\right] + \left(r + \dfrac{\sigma^2}{2}\right)(T-t)}{\sigma\sqrt{T-t}}$$

$$d_2 = \frac{\log\left[\dfrac{R(t)}{K}\right] + \left(r - \dfrac{\sigma^2}{2}\right)(T-t)}{\sigma\sqrt{T-t}}$$

として定式化される。

　最近では，金融市場の価格変動が必ずしもランダムウォーク的な挙動に従うとは限らないことや，自己相似性を有するパターンも多いことに注目し，Mandelbrotのフラクタル理論を応用するfBm（fractional Brownian motion）やFBS（Fractional Black-Scholes）偏微分方程式も提案され，「金融工学」研究が多様化しつつある[3.4]。しかしながら，このような研究アプローチも，上記の用語からわかるように，Black-Scholesモデルの延長線上に位置づけられるものであろう。

　一方で，こうした金融工学の一般的な方法論に対して，山下ら（山本・山下[3.7]，山下・鄭・山本[3.8]）は一因子情報路モデル[3.13]のアプローチ，すなわち「最大エントロピー原理」（**6.2節**を参照）における「拡大推論」の立場から，「各銘柄（代替案）を特徴づける特性（例えば，株価）に関する満足感」と「自由勝手な選択行動」の両面を考慮し，モダン・ポートフォリオ理論とは異なるリスク分析のモデル（下記のようなエントロピー最大化モデル）を提案している。

$$\max \quad -\sum_{i=1}^{n} p_i \cdot \log p_i \tag{3.18}$$

$$s.t. \quad \sum_{i=1}^{n} p_i = 1$$

3章 財務管理・経営分析と金融工学

$$\sum_{i=1}^{n} p_i \cdot x_i = L$$

ただし，p_i：銘柄 i の選択確率
x_i：銘柄 i の特性値（たとえば，株価）

(3.18) 式は p_i に関して上に凸であるため，p_i で偏微分して 0 とおき，同式を整理することにより，

$$p_i = w^{-x_i} \tag{3.19}$$

ただし，$w = e^{\lambda_i}$

が得られる。さらに，選択確率の和が 1 であるという制約条件を利用して，

$$\sum_{i=1}^{n} w^{-x_i} = 1 \tag{3.20}$$

を満たす w を数値的に求め，それを (3.19) 式に代入することにより，選択確率 p_i を求めることができる。これによって，制約条件として考慮した要因以外の，無数の要因の階層的かつ交互作用的で，しかも偶然的な影響を，エントロピー最大化という，簡潔な形式でモデル化することが可能となるのである。さらに，この選択比率を基に，銘柄選択行動の変化を知ることによって得られる情報量（獲得情報量）を，K-L 情報量（Kullback-Leibler 情報量）により推定することができる。

このモデルの最大の特徴は，会計情報の背後に存在する決定論的な離散データに対して，エントロピー最大化基準を設定することにより，あたかもそこに資本市場が存在するかのように 1 時点のデータのみで，分散投資を行うための銘柄選択比率を推定するところにある[3.7],[3.8]。こうした研究アプローチは，既存の財務管理論や金融工学の方法論と一線を画しており，金融工学における「拡大推論」アプローチ（1 時点のデータのみでの銘柄選択アプローチ）の可能性を示唆するものであろう。

第 1 部：バランシングの経営管理

〈参考文献〉

- [3.1] 佃純誠・村松健児・竹安数博『新しい経営工学』中央経済社，1997 年。
- [3.2] 奥野忠一・山田文道『情報化時代の経営分析』東京大学出版会，1978 年。
- [3.3] 平松一夫編著『財務諸表の基礎知識〔第 3 版〕』東京経済情報出版，2003 年。
- [3.4] Luenberger, D. G., *Investment Science*, Oxford University Press, 1998.（邦訳『金融工学入門』日本経済新聞出版社，2012 年。）
- [3.5] 小田切宏之『企業経済学』東洋経済新報社，2010 年。
- [3.6] 鄭年皓・山下洋史「ファイナンシャル・ゲートキーパーの役割と金融工学」『明大商学論叢』Vol. 95, No. 1, 2012 年，17-28 ページ。
- [3.7] 山本昌弘・山下洋史「情報理論に基づく会計測定の実証研究」『明大商学論叢』Vol. 86, No. 2, 2004 年，43-61 ページ。
- [3.8] 山下洋史・鄭年皓・山本昌弘「バブル期の財務データを用いた一因子二段階情報路モデル」『明大商学論叢』Vol. 94, No. 1, 2011 年，1-18 ページ。
- [3.9] 今野浩『金融工学の挑戦』中央公論新社，2000 年。
- [3.10] 葛山康典「証券投資―ポートフォリオ理論における投資家の意思決定問題」尾関守編著『企業行動と経営工学』中央経済社，1993 年。
- [3.11] 山下洋史・金子勝一『情報化時代の経営システム』東京経済情報出版，2001 年。
- [3.12] Black, F. and Scholes, M., "The Pricing of Options and Corporate Liabilities," *Journal of Political Economy 81*, 1973, pp. 637-659.
- [3.13] 国沢清典『エントロピー・モデル』日科技連出版社，1975 年。

4章
情報管理における情報量とファジィ・エントロピー

4.1 情報量（シャノン・エントロピー）

　情報通信技術（Information & Communication Technology；以下 ICT）の発達にともない，社会における情報に対する関心が急速に高まり，その位置づけも意思決定の際の補助的存在から中心的存在へとシフトしつつある。このように，情報に対する関心が高まるにつれて，獲得する情報の量がどれくらいなのかといった定量的な尺度が欲しくなるのは当然のことであろう。

　1948年にシャノン（Claude E. Shannon）は「通信の数学的理論」[4.1]という論文を発表し，情報の尺度を定義している。これが，今日の「情報理論」の始まりと考えられている。シャノンの定義した情報の尺度は「情報量」（amount of information）と呼ばれ，形式的には熱力学におけるエントロピーと一致する[4.2]。ここでは，シャノンの情報量に基づき，いかにして情報の量を尺度化するかを考えていくことにしよう。

　まず，確率 p_i で生ずる事象 x_i を考えることにする。このとき，ある事象 x_i が起こったということを我々が知ることによって得られる情報量 E_i は，次のように定義される。

$$E_i = \log(1/p_i) = -\log p_i \tag{4.1}$$

　ただし，情報理論では対数の底を通常 2 とし，このときの単位は「ビット」（bit）と呼ばれる。もし，対数の底を e とするならば，そのときの単位は「ナット」と呼ばれ，対数の底を 10 とした場合の単位は「ハートレー」と呼ばれる。一般に，情報理論では対数の底を 2 に設定することを前提に，底の表記は省略される。

次に，この情報量 E_i を事象全体 $X(=\{x_i\})$ についての情報量へと拡張するならば，平均として (4.2) 式の情報量を得ることが期待され，これはシャノン・エントロピー E に相当する。この平均情報量 E は，すべての確率 p_i が $1/n$ で等しいときに $E = \log n$ (bit) で最大となり，このとき何が起こるかが全くわからない状態を意味する。

$$E = \sum_{i=1}^{n} p_i \cdot \log(1/p_i) = -\sum_{i=1}^{n} p_i \cdot \log p_i \qquad (4.2)$$

コンピュータの信号 (0 or 1) のような 2 値信号 ($n=2$) の場合，平均情報量 E (bit) は，

$$E = p_1 \cdot \log(1/p_1) + p_2 \cdot \log(1/p_2) \qquad (4.2')$$

として表され，その値は表 **4.1** のようになる。

一般に，(4.2) 式の平均情報量 E は単に「情報量」と呼ばれる。したがって，単に「情報量」といった場合は，通常この平均情報量 E を意味することが普通になる。

表 **4.1**　2 値信号 ($n=2$) の場合の情報量 E (bit)

確率 p_1	確率 p_2	情報量 E
0	1	0
1/8	7/8	0.544
1/4	3/4	0.811
1/3	2/3	0.918
2/5	3/5	0.971
4/9	5/9	0.991
1/2	1/2	1

4.2　人間の情報処理過程の偶然性と漠然性

人間の情報処理過程について考える際，「情報のあいまいさ」を避けて通ることはできない。なぜなら，我々が受信する情報（メッセージ）が「完全

情報」であることは「まれ」であり，常に何らかのあいまいさが介在しているからである。したがって，我々は何らかのあいまいさを持った情報から真の状態を推論（多くの場合，拡大推論）しながら，その情報を有効に活用しようとしているのである。

例えば，我々は市場での評判や製品の使用時の品質，さらには有価証券報告書の情報を基に「この企業は急成長する可能性が高い企業である」といった推論を行い，それをメッセージ（情報）として他人に伝達あるいは発信している。しかしながら，このメッセージ（情報）には，本当に「急成長する」のか「急成長するわけではない」のかについてのあいまいさ（不確実さ）が含まれている。これは急成長する確率が高いが，絶対に急成長するわけではない（確率が 1 でない）ことを意味する。このように，ある確率に支配されていることは，上記のメッセージに「偶然性」に関するあいまいさが介在していることを意味している。

さらに，「急成長する」とは何%以上の成長率を意味するのか，またその成長率は売上高の成長率を意味するのか，経常利益の成長率を意味するのか，その他の成長率を意味するのかについてのあいまいさ（不明確さ）も，この情報には含まれている。これは，「急成長する」という意味それ自体のあいまいさを示しており，その意味が漠然としているという点で，「漠然性」に関するあいまいさが介在していると考えることができる。このように，人間の思考・判断・メッセージには，偶然性と漠然性の両面でのあいまいさが介在しており，「人間の情報処理過程」の問題を議論する際にはこうした「あいまいさの二面性」の問題を避けて通れないのである。

それでは，上記の偶然性（ランダムネス）と漠然性（ファジィネス）というあいまいさの両面を持った人間の情報処理過程を捉えるためには，どのようなアプローチが必要なのであろうか？

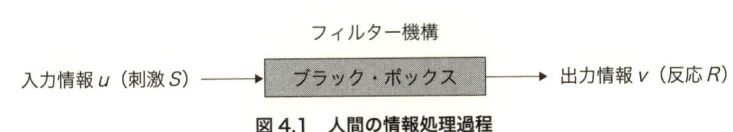

フィルター機構
入力情報 u（刺激 S）　→　ブラック・ボックス　→　出力情報 v（反応 R）

図 4.1　人間の情報処理過程
（出所：西川ら[4.3]を基に筆者が作成）

こうしたあいまいさを有する情報処理過程を，西川ら[4.3]は入力情報uを出力情報vに変換する際の「フィルター機構」として位置づけている。ここで，入力情報を刺激（stimulus），出力情報を反応（response）と考えれば，人間の情報処理過程は，**図4.1**のように伝統的な刺激－反応モデル（S-Rモデル）のブラック・ボックス問題に帰着する[4.4]。S-Rモデルは，測定可能な刺激Sと反応Rに注目して両者の関係を簡潔に捉えようとするものであり，両者の間の情報処理過程はブラック・ボックスとして位置づけられる。

この問題に対して，西川ら[4.3]は，人間の情報処理過程における偶然性（ランダムネス）を生起確率p_iによって，また漠然性（ファジィネス）をファジィ理論におけるメンバーシップ値μ_iによって捉えるとともに，両者が複合した出力情報vのあいまいさ（行動エントロピー）をファジィ・エントロピーFにより（4.3）式のように定式化している。その上で，人間の情報処理過程におけるあいまいさの二面性を総合的に表す指標として，この行動エントロピーを位置づけている。

$$F = \frac{1}{n}\sum_{i=1}^{n}\left[-p_i \cdot \mu_i \cdot \log(p_i \cdot \mu_i) - p_i(1-\mu_i)\log\{p_i(1-\mu_i)\}\right] \quad (4.3)$$

ただし，n：サンプル数

ここで，もしnが一定という条件のもとでの議論をするならば，$1/n$は定数となるので除去して考えることができ，これをp_iとμ_iについて整理すると（4.4）式のように変換される[4.4]。

$$F = -\sum_{i=1}^{n} p_i \cdot \log p_i + \sum_{i=1}^{n} p_i \cdot H_i \quad (4.4)$$

ただし，$H_i = -\mu_i \cdot \log \mu_i - (1-\mu_i)\log(1-\mu_i) \quad (4.5)$

（4.4）式の右辺第1項は偶然性（ランダムネス）に関するエントロピーを，また第2項は漠然性（ファジィネス）に関するエントロピーを，それぞれ表している。第1項の偶然性に関するエントロピーは，「何が起こるのか？」についてのあいまいさの大きさを示しており，シャノンの情報理論における平均情報量（＝シャノン・エントロピー）に相当する。したがって，何が起こったかを知ったときに得られる情報量の平均を意味する。

一方，第2項は「サンプル i が，ファジィ集合に属するのか属さないのか？」についてのサンプル i 別のエントロピー H_i，すなわち（4.5）式を選択確率 p_i で重みづけした平均であり，漠然性（ファジィネス）に関するエントロピーの平均として位置づけることができる。このように，人間の情報処理過程には偶然性と漠然性という「あいまいさの二面性」が一般に介在しており，ファジィ・エントロピー（行動エントロピー[4.3]）はこれらの両面を総合的に捉える際の有力な指標となるのである。

4.3 偶然性と漠然性に関するあいまいさの定式化

ここでは，偶然性と漠然性の両面のあいまいさを持ったファジィ事象を記述するための指標について，山下の先行研究[4.5]に基づき概説していくことにしよう。

① **確率まわりのエントロピー E（通常のシャノン・エントロピー）**

これは，例えばコインを投げて表が出るかもしれないし，裏が出るかもしれないというような「何が起こるのか？」についてのあいまいさの測度であり，偶然性に関するあいまいさの指標として位置づけられる。このあいまいさは，シャノンの情報理論における平均情報量（＝シャノン・エントロピー）に相当し，**4.1節**の（4.2）式のように定義される。

確率まわりのエントロピーは，すべての要素の確率 p_i が $1/n$ で等しいとき $\log n$ で最大となり，このとき何が起こるのか全くわからない状態であることを示している。

② **サンプル i 別のメンバーシップ値まわりのエントロピー H_i**

このエントロピー H_i は，サンプル i がファジィ集合 A に属するのか属さないのかといった意味面でのあいまいさを表す指標であり，例えば，ある本が「おもしろい本の集合」に属するか否かのあいまいさの大きさを示している。言い換えれば，意味の漠然性に関するあいまいさの指標であり，サンプ

ル i がファジィ集合 A に属する度合い（メンバーシップ値 μ_i）と，その補集合に属する度合い（$1-\mu_i$）の間のエントロピーとして，前述の（4.5）式のように定式化される。

メンバーシップ値まわりのエントロピー H_i は，メンバーシップ値 μ_i が 1/2 のとき $\log 2 = 1$ で最大となり，このときファジィ集合に属しているのか否かが最も不明確であることを示している。

③　サンプル全体としてのメンバーシップ値まわりのエントロピー H

上記のように，サンプル i ごとに定式化されたメンバーシップ値まわりのエントロピー H_i をサンプル i の選択確率 p_i で重みづけすれば，サンプル全体としての漠然性の平均を考えることができる。（4.6）式は，サンプル全体として，ファジィ集合 A に属するか否かがどれだけのあいまいさであるかを示しており，サンプル全体としての漠然性に関するあいまいさの指標として位置づけられる。

$$H = \sum_{i=1}^{n} p_i \cdot H_i = \sum_{i=1}^{n} p_i \{ -\mu_i \cdot \log \mu_i - (1-\mu_i) \log (1-\mu_i) \} \quad (4.6)$$

このエントロピー H は，すべてのメンバーシップ値 μ_i が 1/2 のとき $\log 2 = 1$ で最大となり，このときファジィ集合に属しているのか否かが最も不明確であることを示している。

④　ファジィ・エントロピー F（行動エントロピー[4.3]）

①～③では，偶然性と漠然性のそれぞれに関するあいまいさの指標について考えてきたが，これらのあいまいさの両面を考慮した総合的なあいまいさの指標が，**4.2 節**の（4.3）式または（4.4）式のファジィ・エントロピー（行動エントロピー）である。これは，（4.7）式のように，確率まわりのエントロピー E とメンバーシップ値まわりのエントロピー H の和に分解される。

$$F = E + H \quad (4.7)$$

人間が意思決定を行う際の総合的なあいまいさを表すファジィ・エントロピー F は，すべての要素の確率 p_i が $1/n$ で等しく，かつすべてのメンバーシップ値 μ_i が $1/2$ のとき，$\log n + \log 2 = \log n + 1$ で最大となり，このとき，何が起こるのか全くわからず，ファジィ集合に属しているのか否かが最も不明確であることを示している。

4.4　ファジィ事象の確率まわりのエントロピー

ファジィ理論では，漠然性を内包した確率として，ファジィ事象 B の確率 $P(B)$ が (4.8) 式のように定義されている。これは，例えばサイコロを振ったときに「大きい目の出る確率」のように，確率自体の偶然性に関するあいまいさと，「大きい目」とは何かについての意味面でのあいまいさ（漠然性）が複合した確率である。

$$P(B) = \sum_{i=1}^{n} p_i \cdot \mu_i \tag{4.8}$$

さらに，偶然性と漠然性の両面を考慮したあいまいさの指標として，ファジィ・エントロピーとは別に，ファジィ事象の確率まわりのエントロピー Q を考えることができ，ファジィ事象 B の確率 $P(B)$ とその補事象の確率 $P(\overline{B})(= 1 - P(B))$ を用いて (4.9) 式のように表される。

$$Q = -P(B) \log P(B) - P(\overline{B}) \log P(\overline{B}) \tag{4.9}$$

ファジィ事象の確率まわりのエントロピーは，ファジィ事象 B の確率 $P(B)$ が $1/2$ のとき（この場合，補事象の確率も $1/2$ となる），$\log 2 = 1$ で最大となり，上記の例でいえば，大きい目が出るか否かが最も不明確であることを示している。

〈参考文献〉

[4.1]　Shannon, C. E., "A Mathematical Theory of Communication," *Bell System Technical Journal*, Vol. 27, 1948, pp. 379-423, 623-656.
[4.2]　Abramson, N. 著，宮川洋訳『情報理論入門』好学社，1969 年。

第1部：バランシングの経営管理

[4.3]　西川智登・清水静江・宮本日出雄「意思決定過程における入力情報に対する判断力の構造」『日本経営システム学会誌』Vol. 9, No. 1, 1992年, 35-41ページ.
[4.4]　山下洋史「「循環型 SCM」と新世紀の経営倫理」『第2回「経営倫理」懸賞論文優秀論文集』1992年, 5-17ページ.
[4.5]　山下洋史「偶然性と漠然性に関するあいまいさの表現方法」『山梨学院短期大学「経営研究」』No. 3, 1994年.

5章
情報の非対称性と合意形成メカニズム

5.1 情報の非対称性

　組織は，分業と協業をもとに成立している。ほとんどの仕事は単独ではなく，人々の協働によって行われるのである。しかしながら，それらは「私的」な情報のもとで，「私的」な利益の追求をベースとしているため，異なる利害関係を調整し合意形成に達することは簡単ではない。また，後述する「情報の非対称性」（asymmetry of information）がこうした側面を強化する。本章では，この情報の非対称性と，そこでの合意形成メカニズムについて解説していくことにする。

　こうした情報の非対称性は，通常 2 つのケースに分類することができる。1 つは，各個人が他人の知らない知識をもっている場合で，これを「隠れた情報」（hidden information）と呼ぶ。もう 1 つは，各個人が他人の行動を観察することができない場合で，これを「隠れた行動」（hidden action）と呼ぶ。以下で説明するように，隠れた情報のもとでは「逆選択」（adverse selection）の問題が生じ，隠れた行動のもとでは「モラルハザード」（moral hazard）の問題が生じる[5.1]。

① 逆選択による市場の失敗

　「逆選択」という用語は，もともと保険分野の用語である。例えば，保険の加入者には，火災に用心深い人（低リスクの加入者）と用心を怠る人（高リスクの加入者）が存在する。保険会社は，加入者についての情報がない（隠れた情報）ため，一律の保険料を設定する。その際，火災への用心を怠る悪質な保険加入者の存在によって火災の発生確率が上昇し，これによって

火災保険の保険料が引き上げられると，低リスクの良質な個人は保険に加入する誘因をなくし，保険契約を解除することになる。そのため，保険加入者のなかで高リスクの人の割合が高まり，保険料がさらに引き上げられると，低リスクの加入者は保険市場から退出して，保険市場それ自体が成り立たなくなる危険性を招くのである。

② レモンの原理

例えば，中古車の市場には，良質な中古車と欠陥車が存在する。中古車の所有者は自己の車の欠陥を知っているが，他の人はこれらについての情報をもっていないこと（隠れた情報）が一般的である。そこで，品質の異なる中古車が同じ価格で販売されることになると，高品質の中古車の所有者は中古車市場で車を売ることをやめてしまう。そのため，平均品質が下がり，それに応じて価格が下がると，品質の良い自動車は市場からさらに減少してしまう。こうして中古車市場は欠陥車だらけとなり，前述の保険市場の場合と同様に市場が成り立たなくなる危険性を生じてしまう。こうした状況により，優勝劣敗の「自然淘汰の原理」(natural selection) に反して，粗悪品が良質品を市場から駆逐するという逆転現象が生じる。このような不良品のことを英語で俗に「レモン」と呼ぶため，情報の非対称性のもとで不良品が横行することを「レモンの原理」(lemons' principle) という。

③ モラルハザード

「モラルハザード」とは，隠れた行動を利用し，他者を犠牲にして自己の利益を追求しようとする行動を指す。売り手が買い手の商品知識の不足を利用して，粗悪品を高品質の商品と偽って販売しようとしたり，逆に買い手の不注意によって起こった製品の故障を不良品として売り手に返品しようとしたりすることは，モラルハザードの典型例である。また，工場の労働者やセールスマンなど従業員側の怠慢と，経営者側の怠慢という2つの側面において，モラルハザードは企業組織の内部にも見られる。さらに，フランチャイズの本部と加盟店の関係においても，両者の販売努力についてモラルハ

ザードが生じる危険性が介在する。

5.2　情報の非対称性への対応

　一般に，情報の非対称性がもたらす逆選択やモラルハザードへの対応には，2つのパターンが存在する。1つは，情報収集によって情報の格差をなくしてしまおうとする対応であり，隠れた行動の「モニタリング」や，隠れた情報についての「スクリーニング」（あるいは「シグナリング」）である。もう1つは，適切なインセンティブを設計し，逆選択やモラルハザードを防止しようとする対応である[5.2]。

①　モニタリング
　モラルハザードを防ぐ方法の1つとして，モニタリング（監視）がある。例えば，タイムレコーダーによる出勤時刻の記録や，走行距離メーターと業務日誌によるタクシー運転手やセールスマンの行動の管理等があげられる。
　また，労働者の作業をモニタリングする際には，一般に監督者がこれを担当する。ただし，監督者を置いても，モラルハザードの問題が完全に解決するわけではない。監督者の行動にもモラルハザードの問題があるため，監督者が労働者を正しくモニタリングしているか否かをモニタリングする上位の監督者がさらに必要になり，組織内部でモニタリングの階層構造が生まれるのである。

②　スクリーニング
　スクリーニングとは，観察することができない相手の特性を見抜くために，情報をもたない人が相手に複数のオプションを提示し，どのオプションを選択したかによって相手の特性（タイプ）を選別しようとすることである。例えば，年功型の賃金体系は，個々の労働者の離職率の高さを調べるためのスクリーニングとして機能しうる。すなわち，勤務年数の短い労働者には低い賃金を支払い，勤務年数が増えるにつれて賃金を引き上げるという賃

金体系を採用すると，離職率の高いタイプの労働者にはこうした賃金体系は有利ではないため，就職しようとせず，逆に離職率が低く長期勤務を望むタイプの労働者には有利になる。そのため，年功型の賃金体系は，長期雇用を求める労働者を選ぶ際のスクリーニング機能としての効果を発揮する。

5.3 調整・交渉における4つの解

　合意形成に関する既存の議論は，その成否による2つの結果とそれに至るプロセス，すなわち行動主体間の協力や対立関係の発生メカニズムに焦点を当ててきた。特に，ゲーム理論（Game Theory）は，こうした調整や交渉のプロセスを戦略的行為として捉え，協力と対立に関する多様な分析視座を提示してきた。その際，合意形成の成立（解）を協力関係として位置づけ，それに至る経路を協力と対立の2つの変数で捉える場合が多い。また，一方の譲歩による合意形成のプロセスについて，それを（利害関係が衝突する）他方の脅威とその実現の信憑性によって左右される問題として捉えることもある。すなわち，合意形成のための譲歩という行為を対立（敵対）的状況のもとでの調整・交渉のメカニズムとして位置づけているのである[5.3]。

　既存の研究は，調整・交渉と合意形成の問題を，戦略的（敵対的）視点で論じる文脈が主流となっているため，対立に関しては豊富な議論が展開されているが，合意形成の問題に関しては，議論の価値を十分有するような分析視座はあまり提示されていない。これは，

① 必ずしも対立関係にあるとは言い切れない行動主体間の合意形成の問題
② 協力と対立の組合せのみならず，合意形成に至る他のメカニズムの存在

を論じた研究が不足していることを意味する。

　ゲーム論的観点は，各行動主体の（合意形成を含む）意思決定やその調整プロセスを，各々の効用関数（utility function）や報酬関数（pay-off function）の最大化もしくは満足化の基準から捉える場合が多いため，短

期的利益の犠牲を甘受して長期的利益を優先するプレイヤーに関してあまり注目していない。長期的ゲームとして有限もしくは無限繰り返しゲーム（finitely or infinitely repeated game）の視点が存在するが，各行動主体にとっては，ある T 期間全体に関わる割引率で換算した現在価値最大化もしくは平均効用の最大化といった現時点での自己の利益の最大化が目的であるため，長期的観点で調整プロセスを考察しなければならない問題に関しては分析の限界をもつ。

そこで，同一組織のメンバー間の調整や長期的取引関係を保つ組織間の調整（または同じ目標をもつネットワークにおける調整）のように，長期的視点で常に協力・譲歩・対立を繰り返す行動主体間の調整プロセスについても論じる必要性がある。また，上記の文脈からいうと，一方の譲歩行為を通じた合意形成については，異議や不満があってもそれが必ずしも他方の脅威によるものではないという点で，対立的（敵対的）状況から導出される行動とは分離して考察しなければならない（泣き寝入り解を考慮）。

一方で，②に関しては，既存の研究において協力と妥協を同一視する傾向があった。しかしながら，協力が行動主体間の信頼関係や目的・手段の共有を前提に行われるのに対して，妥協はそれが相反している場合の双方の譲歩行為を指すため，それぞれ合意形成に辿る経路やプロセスが異なる。したがって，両者を分離して合意形成の問題を考察する必要があるものと思われる（協力解と妥協解の分離）。

そこで，①と②の議論をふまえ，鄭[5.4]は調整・交渉の過程に現れる4つの解を次のように分類している。

(1) 協力解　　(2) 対立解　　(3) 泣き寝入り解　　(4) 妥協解

次節では，S字型反応曲線をいくつかの仮定から導出し，こうした解の特性およびそれぞれの対応関係を解説していくことにする。

5.4 S字型反応曲線

本節では，合意形成の解とその特性を視覚的に表すため，S字型反応曲線を仮定する。まず，議論を簡潔にするため，鄭[5.4]と同様に，次のような仮定（前提条件）をおくことにする。

<仮定>
(1) 行動主体AとBといった二人のみの行動に注目する。
(2) AとBの態度・行動特性はそれぞれの強硬性に表れる。
(3) Aの強硬性の増大により，Bの強硬性が減少する範囲が存在する。その逆の関係も成立し，変曲点が存在するとともに強硬性の変化は連続的である。

一般に，組織ではその円滑な運営やコンフリクトの回避・迅速な合意形成が重視されるため，強硬性が単調増加とはなりにくい。逆に，強硬性が単調減少にもならないのは，当然のことながら合意形成において優位な立場を占

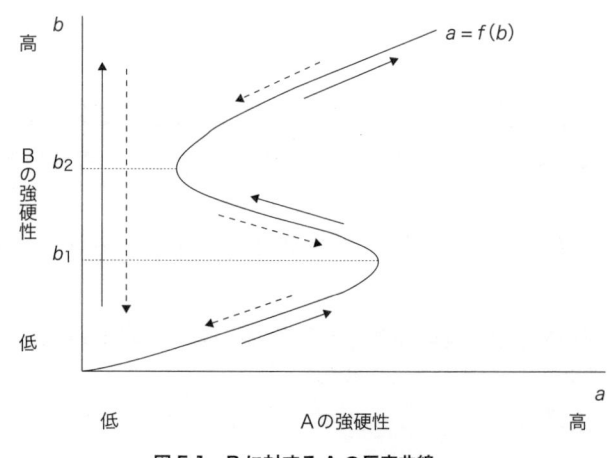

図5.1 Bに対するAの反応曲線

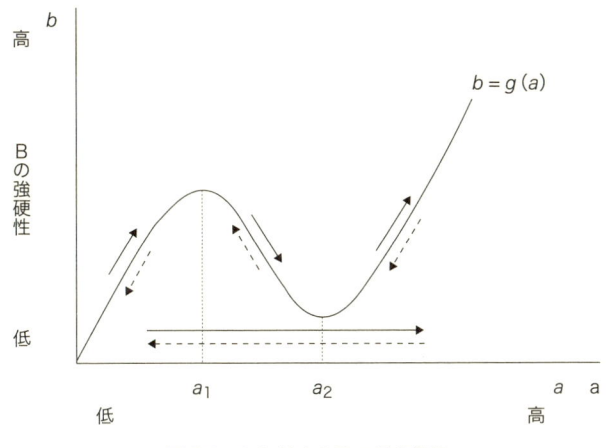

5章 情報の非対称性と合意形成メカニズム

図 5.2　A に対する B の反応曲線

有しようとする人間の心理的側面が作用するためである。以上のことをふまえると，B の強硬性に対する A の反応曲線として，図 5.1 のようなモデルを考えることができる。

図 5.1 が示しているように，b_1 から b_2 の間で A の強硬性は減少し，それ以外の区間では A の強硬性は増加する。また，A の強硬性からみた B の強硬性については図 5.2 のように表すことができ，図 5.1 と同様の性質を有する。

5.5　合意形成における 5 つの解

本節では，行動主体 A と B それぞれの強硬性の変化による合意形成の過程（調整・交渉のプロセス）とその結果（解）の特性について考えていくことにしよう。A と B といった双方の同時的かつ連続的な反応を記述するため，前節の仮定から導出した 2 つの S 字型反応曲線を結合すると，図 5.3 のようになる。図 5.3 では 5 つの交点（合意形成の 4 つの均衡解と 1 つの対立解）が表れる。各交点は，① 協力解，② 対立解，③ A の泣き寝入り解，④ B の泣き寝入り解，⑤ 妥協解を意味する。

57

それぞれの解の特性について考えてみると，まず①ではAとB双方の強硬性が最も弱い。このような協力解は，双方が高い信頼関係を維持する際に起こりうる。また，強硬性の変化に注目すると，最も安定的合意形成の解は①の協力解であることがわかる[5.4]。

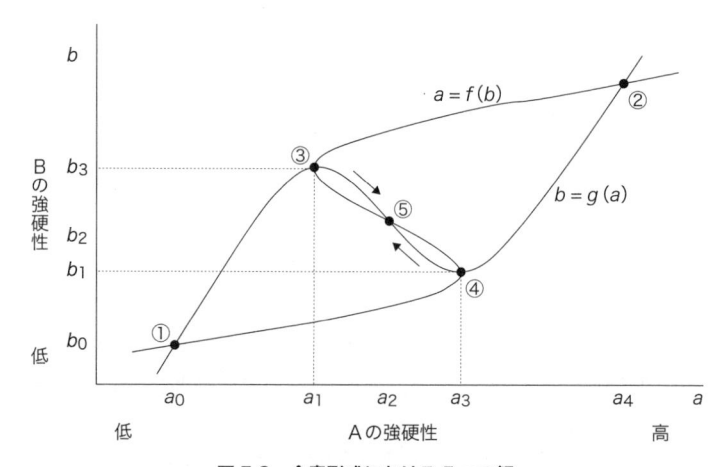

図5.3　合意形成における5つの解

②の対立解は，双方の強硬性が最も強く，一般に合意決裂の解となる。しかしながら，対立は調整・交渉の過程と合意形成における優位な立場を導こうとして，意図的に利用される側面もある。また，対立解の利用は，（相手の）泣き寝入り解を導き，合意形成における優位性を固めるものの，強硬性の増加と減少を繰り返す必要があるため，合意形成の迅速性という側面（時間的側面）からみると劣位的なアプローチとなる。さらに，対立解を泣き寝入り解の誘導に利用するためには，相手の反応関数が既知（完全情報）であるという前提を必要とする。

一方で，Aの泣き寝入り解③は，Bの強硬性の増加に対して，Aが円滑な人間関係やコンフリクトの回避・迅速な合意形成を優先する場合に生じる。その際，BにとってはAの泣き寝入り解を誘導しようとする動機（調整プロセスにおける自己の優位性を保つため）が作用しやすいものの，b_3

5章 情報の非対称性と合意形成メカニズム

以上にはその強硬性が増加しにくい。なぜなら，b_3 を境に A の強硬性が再度増加し対立関係に陥りやすいからである。また，B にとって A の行動や反応を観察することは可能であるが，その反応関数は既知でないため，同じ組織のメンバーである限り，あるいは確実な担保がない限り，b_3 以上に強硬性を増加させることによって生じる危険性を自ら招く誘因は小さい。それは A にとっても同様であるため，後述の妥協解につながる。④ の「B の泣き寝入り解」についても上と同様の性質を有する。

以上の議論と図 5.3 のグラフからわかるように，A の忍耐許容限界点は $g(a)$ の極大値であると同時に $f(b)$ の極小値であり，逆に B の忍耐許容限界点は $f(b)$ の極大値であると同時に $g(a)$ の極小値である。これにより，一方の忍耐許容限界（泣き寝入り）は，一定範囲での（自己が認められる）他方の強硬性の極大値であることが示唆される。

妥協解 ⑤ は，双方の目的・手段や利害が相反（しかしながら，敵対的関係ではない）している場合，双方の譲歩を通して達成される。それは，A にとって自己の強硬性の増加に対する B の強硬性の減少区間で，かつ B の泣き寝入り解には達しない区間で自己の強硬性を減少させることによって実現されるからである。すなわち，他方の強硬性の減少に対して，自己の強硬性が増加から減少へと移ることによって妥協が可能になるのである。これと同様に，B にとっても，自己の強硬性の増加に対する A の強硬性の減少区間で，かつ A の泣き寝入り解には達しない区間で自己の強硬性を減少させることを意味する。これらは，双方の譲歩を意味し，妥協のもつプロセスの性質と整合的である。

しかしながら，妥協解を導出しようとする際，自己が泣き寝入りに陥る危険性がある点まで（A にとって a_1，B にとって b_1）自己の強硬性を減少させようとはしない。すなわち，妥協解は，他方の泣き寝入りを誘導しない，かつ自己が泣き寝入りに陥らない強硬性の範囲で実現されるのである。したがって，妥協解は双方の泣き寝入り解の中間領域で生じる。さらに，妥協による合意形成の安定性について考えると，そのプロセスには強硬性の増加と減少，あるいは対立といった経路が存在するため，妥協解 ⑤ は，協力解 ①

や，泣き寝入り解③と④より劣位で，対立解②より優位であることがわかる。AとBといった行動主体の目的・手段や利害が相反する状況のもとで，互いに同じロジックで行動すれば，それぞれ区間 $[a_1, a_3]$ と区間 $[b_1, b_3]$ で自己の強硬性の増減を繰り返し，その微妙な調整プロセスを通して両区間の中間領域で妥協解が形成される。しかしながら，AとBの双方にとって互いの反応関数が既知ではないため，a_3 や b_3 以上には強硬性が増加しにくく，かつ相手の泣き寝入り解を誘導させる誘因も強く作用するということから，妥協解は不安定で変動しやすい合意形成の解となる[5.4]。

〈参考文献〉

[5.1] 丸山雅祥『経営の経済学』有斐閣，2005年。
[5.2] 長岡貞男・平尾由紀子『産業組織の経済学』日本評論社，2008年。
[5.3] 鄭年皓「情報共有・知識共有に基づく新製品開発組織に関する工業経営的研究」明治大学博士（商学）学位論文，2009年。
[5.4] 鄭年皓「組織における合意形成の協力解・妥協解・泣き寝入り解」『日本経営システム学会誌』Vol. 24, No. 2, 2008年，59-64ページ。
[5.5] 山下洋史・金子勝一『情報化時代の経営システム』東京経済情報出版，2001年。
[5.6] 明治大学経営品質科学研究所編『経営品質科学の研究』中央経済社，2011年。
[5.7] 小田切宏之『企業経済学』東洋経済新報社，2010年。

6章
コミュニケーション・ネットワークにおける低エネルギーと高エントロピーの調和モデル

6.1 コミュニケーション・ネットワークとヒューマン・リソース・マネジメントにおけるバランシング問題

　コミュニケーション・ネットワーク（Communication Network；以下「CN」）を舞台とした協働は，メンバーの持つ情報処理能力によって，当然のことながら，その成果が大きく左右される。そこで，こうした協働を効率的に進めるためには，高い能力を持つメンバーには負荷を大きく，低い能力を持つメンバーには負荷を小さくするように負荷を配分することが好ましい（低エネルギーの状態）。一方で，負荷がなるべく偏らないよう，情報を各メンバーに伝達することも必要である（高エントロピー状態）。ここに，コミュニケーション・ネットワークにおける低エネルギーと高エントロピーのトレードオフが生じ，両者のバランシング問題が存在するのである。

　また，企業のヒューマン・リソース・マネジメント（Human Resource Management；以下「HRM」）においても，従来の効率性を重視した「低エネルギー化」の企業活動（統制）に加えて，個性や多様性を重視した「高エントロピー化」の企業活動（権限移譲）の方向性が生まれ，「両者をいかにバランシングさせていくか？」が重要な課題となる。

6.2　最大エントロピー原理

　我々が何らかの意思決定を行う際には，常に情報の「あいまいさ」が介在する。人間や組織の意思決定は，不確実性に支配された世界に置かれている

のである．こうした不確実性（あいまいさ）の大きさは，しばしば「エントロピー」によって定量化される．これは，シャノンの情報理論における「平均情報量」に相当し，熱力学における離散型確率分布の場合のエントロピーと形式的に一致する（4章を参照）．それでは，上記の「不確実性に支配された世界」において，人間や組織はどのような意思決定を行うのであろうか？

こうした問題を確率論的にモデル化する際の基本原理の中核に位置づけられるものが「最大エントロピー原理」[6.1]である．これは，与えられた証拠のみでは結論が得られないような拡大推論における一般原理を確率論的に展開しようとする原理であり，大規模で複雑な挙動をする動的なシステムの確率モデル構成原理の1つである[6.2]．この原理は，我々が不十分な証拠から確率分布を推定しようとする場合，証拠が不十分であることを十分に認識するために，その証拠に従ったすべての確率分布の中から最大の不確実さ（エントロピー）を持つ分布を選択しようとするものであり，与えられた証拠（例えば，確率変数の平均）を制約としてエントロピーを最大化する確率分布を推定することになる[6.3]．

本章の問題設定は，CN全体としての平均エネルギーが既知で，CNを構成する各メンバーの直面する情報伝達エントロピーと負荷配分エントロピー，および個々のメンバーに与えられる主観確率（選択確率）が未知の場合に，平均エネルギーを制約条件としてエントロピーを最大化するような主観確率を与えようとするものであるため，これは「最大エントロピー原理」の問題設定に相当する．そこで，こうした最大エントロピー原理に基づき，平均エネルギーが一定（制約条件）のもとでエントロピー（目的関数）を最大化するような負荷配分ウェイトの推定問題を考えていくことにする．

6.3　コミュニケーション・ネットワーク

山下[6.4]は，組織内部の複数の部門またはメンバーのコミュニケーションによって構成されるシステムを，コミュニケーション・ネットワークと呼ん

でおり，(6.1)式のように定義している。

$$N = \{X; \Gamma\} \tag{6.1}$$

ただし，N：コミュニケーション・ネットワーク
X：n個の部門あるいはn人の個人の集合
Γ：X^2（Xの直積空間）上での可能なコミュニケーション

一方で，集団におけるCN構造の特性を実験によって捉えようとする研究が多く展開されており，その先駆的研究が，Leavitt[6.5]の研究である。Leavittの研究は，コミュニケーションの構造を図6.1のように分類しており，作業量，誤り，リーダーの出現，不満等をネットワークの中心性との関係で論じたものである。

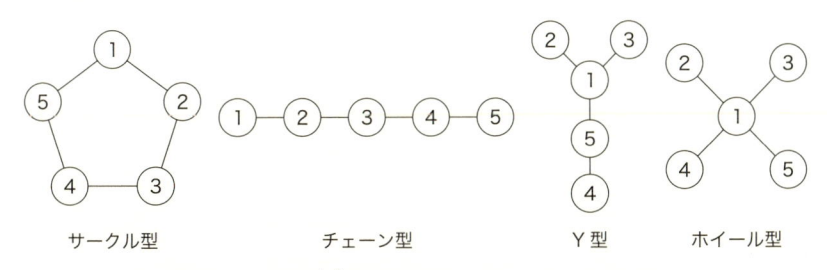

図6.1　Leavitt[6.5]のコミュニケーション・ネットワーク

（左から：サークル型，チェーン型，Y型，ホイール型）

6.4　通信路行列と定常分布ベクトル

CNが無記憶通信路（情報を送信したとき，その情報が送信者に記憶されずに失われる通信路）である場合，メンバーiからメンバーj ($i, j = 1, 2, \cdots, n$) にどれだけの確率で情報が伝達され，またそれにより各メンバーにどれだけの情報が集まるかについて，山下[6.4]は情報の分布$d = (d_i)$を(6.2)式のように通信路行列$P = (p_{ij})$と初期状態ベクトル$a = (a_i)$の積の形式で捉え，このdを定常分布ベクトルとして位置づけている。

$$d = \lim_{t \to \infty} a \cdot P^t \tag{6.2}$$

ただし，$\boldsymbol{d} = (d_1, d_2, \cdots, d_i, \cdots, d_n)$

$\boldsymbol{a} = (a_1, a_2, \cdots, a_i, \cdots, a_n)$

一方，上記の定常分布ベクトル $\boldsymbol{d}$ はマルコフ連鎖の状態の分類により，周期的状態と非周期的状態に分けられる。周期的状態の場合，定常分布ベクトルが収束しないため，確率ベクトルの各要素について周期内での平均を取ることにより，情報の分布を捉えることにする。これに対して，非周期的な状態の場合，定常分布ベクトルは収束し，(6.3) 式を満足する[6.4]。

$$d \cdot P = d \tag{6.3}$$

鄭[6.6]によれば，コミュニケーション・ネットワークにおける図 6.1 の類型別の定常分布ベクトル $\boldsymbol{d}$ は表 6.1 のようになるとされる。ただし，全てのパスにおける情報伝達は等確率で行われ，メンバーは自身の有する情報の全てを処理し伝達することを仮定している。

表 6.1　コミュニケーション・ネットワークの定常分布ベクトル（$n=5$ の場合）[6.6]

類型 \ d_i	d_1	d_2	d_3	d_4	d_5
サークル型	1/5	1/5	1/5	1/5	1/5
チェーン型	1/8	1/4	1/4	1/4	1/8
Y 型	3/8	1/8	1/8	1/8	1/4
ホイール型	1/2	1/8	1/8	1/8	1/8

6.5　CN と HRM における低エネルギーと高エントロピー

本節では，組織を一つの CN として位置づけた上で，組織を分権型組織と集権型組織に分類する分析視座と同様に，CN についても，分権型ネットワークと集権型ネットワークに分けて考えることにする。ここで，分権型

6章 コミュニケーション・ネットワークにおける低エネルギーと高エントロピーの調和モデル

ネットワークは，権限委譲と支援（弱い制御信号）のもとで組織メンバーの自律性を重視し，それぞれの個性を活かしながら組織に多様性を与える組織運営をめざすCNである。一方で，集権型ネットワークは，多様性よりも仕事の効率性を重視するため，組織メンバーに対して統制と管理を強化し（コントロール，強い制御信号），仕事の進め方に対する迷いや不確実性を排除することにより，組織運営の効率性を向上しようとするCNである。したがって，HRMの面では，組織運営の方針（効率性重視と個性・多様性重視）によってCNの方向性が異なる。

CNにおいて，もしネットワークに属するメンバーの創造性を重視して，多様性（高エントロピー化）を高めようとすれば，メンバーに対する権限委譲と支援（2章を参照）を中心としたHRMが展開され，一般に弱い制御信号の分権型ネットワークとなる。これにより，企業活動の多様性が増大すると同時に効率性が低下し，メンバー間の調整に費やされるエネルギーも増大（高エネルギー化）する。

そこで，CN全体の効率性を向上させるべく，能力の高いメンバーに情報を集中化し，強い制御信号によって管理（統制）を強化すれば，組織形態は集権型のCNへと移行していくことになる。こうして，垂直的ヒエラルキー・コントロール中心のHRMを行うようになれば，企業活動に費やされるエネルギーも低下する。すなわち，企業活動の「効率化要求」が低エントロピー源となって，CNにおける複雑性・不確実性（エントロピー）を排除し，HRMの効率性が向上するのである。

しかしながら，メンバーに対する負荷配分の集中化は，企業活動の多様性を低下させてしまうため，必然的にメンバーからの「個性化要求」を生じさせる。こうした要求が高エントロピー源となって企業活動の個性化・多様化を進展させ，メンバーの創造性を尊重しながら，個性的な活動を支援することにより，高エントロピーの状態が生れるのである。

一方で，こうした高エントロピー化による効率性の低下が問題視されるようになり，再び企業活動の低エントロピー化を図ろうとする方向性が生じることになる。すなわち，企業活動の背後には効率化と個性化，および低エネ

ルギー化と高エントロピー化の間での循環性が潜在するのである。

このような循環性の存在は，低エネルギー化と高エントロピー化の両立が非常に困難な課題であることを意味する。そこで，企業は常にこうした非常に困難な課題に対して，両者の「バランシング」を図っていくのである。

6.6 コミュニケーションにおける低エネルギーと高エントロピーの調和モデル

本節では，低エネルギーと高エントロピーの問題を現実的な立場から論じるため，これらを両立問題でなく，バランシング問題として位置づけた筆者ら[6.7]のバランシングモデルを紹介することにしよう。

まず，筆者らは[6.7]図6.1のようなLeavitt[6.5]のコミュニケーション構造を前提に，新たに「情報伝達エントロピー H」と「負荷配分エントロピー I」の視点を導入しており，「情報伝達エントロピー H」については，メンバー i 別の情報伝達エントロピー h_i を負荷配分ウェイト w_i で重みづけし，その和を取ることにより（6.4）式のように表している。

$$H = \sum_{i}^{n} w_i \cdot h_i = -\sum_{i}^{n} w_i \cdot \sum_{j}^{m} p_{ij} \cdot \log p_{ij} \qquad (6.4)$$

ただし，p_{ij}：メンバー i からメンバー j への情報伝達確率
　　　　w_i：メンバー i の負荷配分ウェイト
　　　　d_i：メンバー i の情報処理量（能力）

一方で，「負荷配分エントロピー I」については，誰にどれだけ仕事の負荷を配分するかのあいまいさを意味するため，これを（6.5）式のように表すことができる。

$$I = -\sum_{i}^{n} w_i \cdot \log w_i \qquad (6.5)$$

さらに，各メンバー i が CN において，どれだけの量の情報を処理しているかを示す確率が定常分布ベクトルの要素 d_i であるため，メンバー i は d_i

6章 コミュニケーション・ネットワークにおける低エネルギーと高エントロピーの調和モデル

の量の処理能力を有していると考えることができる。したがって，この d_i の値が大きければ，同じ仕事に対して必要とするエネルギーが相対的に小さくなるため，この能力 d_i の逆数（$1/d_i$）をメンバーの相対的な負荷（エネルギー）とし，各メンバー i の相対的負荷 x_i を（6.6）式のように定式化することができる。

$$x_i = \frac{w_i}{d_i} \tag{6.6}$$

また，CN 全体としての平均エネルギー E を（6.7）式のように加算的に捉えることにすれば，平均エネルギーの制約つきエントロピー最大化問題として，業務遂行エネルギー E を一定の値 C に保ったもとでのエントロピー最大化問題を考えることができる。この問題は，ラグランジュ乗数 μ と λ を用いて，（6.8）式のように定式化される。

$$E = \sum_i^n x_i = \sum_i^n \frac{w_i}{d_i} \tag{6.7}$$

$$\varphi = -\sum_i^n w_i \cdot \log w_i - \sum_i^n w_i \cdot \sum_j^n p_{ij} \cdot \log p_{ij} - \lambda \left(\sum_i^n \frac{w_i}{d_i} - C \right) - \mu \left(\sum_i^n w_i - 1 \right) \to max \tag{6.8}$$

ここで，右辺の第1項は「負荷配分エントロピー」，第2項は「情報伝達エントロピー」，第3項は業務遂行エネルギーが C であるという制約条件，第4項は負荷配分ウェイト w_i の和が1であるという制約条件を，それぞれ表している。この（6.8）式は上に凸であるため，まず φ を w_i で偏微分して0とおき，

$$\frac{\partial \phi}{\partial w_i} = -(1 + \log w_i) - \sum_j^n p_{ij} \cdot \log p_{ij} - \frac{\lambda}{d_i} - \mu = 0 \tag{6.9}$$

これを w_i について整理すれば，

$$w_i = exp\left[-1-\mu-\sum_{j}^{n}p_{ij}\cdot \log p_{ij}-\frac{\lambda}{d_i}\right] \tag{6.10}$$

が得られる。

上式はメンバー i ごとに n 本得られるため，これら n 本の方程式の和でそれぞれの方程式を割ると，

$$w_i = \frac{exp\left[-1-\mu-\sum_{j}^{n}p_{ij}\cdot log\, p_{ij}-\frac{\lambda}{d_i}\right]}{\sum_{k}^{n}exp\left[-1-\mu-\sum_{j}^{n}p_{kj}\cdot log\, p_{kj}-\frac{\lambda}{d_k}\right]} \tag{6.11}$$

となる。ここで，(6.11) 式の分子と分母を，$exp[-1-\mu]$ で約分し，$Q=exp[\lambda]$ とおくと，

$$w_i = \frac{exp[h_i]\cdot Q^{-\frac{1}{d_i}}}{\sum_{k}^{n}exp[h_k]\cdot Q^{-\frac{1}{d_k}}} \tag{6.12}$$

となり，(6.12) 式の両辺に右辺の分母をかければ，

$$exp[h_i]\cdot Q^{-\frac{1}{d_i}} = w_i\cdot \sum_{k}^{n}exp[h_k]\cdot Q^{-\frac{1}{d_k}} \tag{6.13}$$

となる。この両辺に $1/d_i$ をかけて，i について足し込めば，右辺の $\Sigma w_i/d_i = C$ であるため，上式は次のように変換される。

$$\sum_{i}^{n}\frac{exp[h_i]\cdot Q^{-\frac{1}{d_i}}}{d_i} = C\cdot \sum_{k}^{n}exp(h_k)\cdot Q^{-\frac{1}{d_k}} \tag{6.14}$$

したがって，

$$\sum_{i}^{n}\left(C-\frac{1}{d_i}\right)\cdot exp[h_i]\cdot Q^{-\frac{1}{d_i}} = 0 \tag{6.15}$$

となる。そこで，(6.15) 式を満足する Q を数値的に求め，それを (6.12)

式に代入することにより，(6.8)式のφを最大化するウェイトw_iを推定することができる。このウェイトw_iは，「CNにおける低エネルギーと高エントロピーのバランシング問題をいかに図るか？」という問題に対して，業務遂行エネルギーを一定の値Cに保ったもとでのエントロピーを最大化するような負荷配分ウェイトの解となる[6.7]。

6.7 数値例によるコミュニケーション・ネットワークの分析

ここでは，前節のバランシング・モデルに対して簡単な数値例を設定し，負荷配分ウェイトw_iの分析を試みることにしよう。そこで，$n=5$，$C=4$, 4.5, …, 7.5, 8の9通りの数値例を設定し（CNのタイプの特徴を明確にするために，チェーン型では$C=5.60$，Y型では$C=6.19$と6.68，ホイール型

表6.2 サークル型のw_i推定結果

サークル型					
C	w_1	w_2	w_3	w_4	w_5
4.00〜8.00	0.200	0.200	0.200	0.200	0.200

表6.3 チェーン型のw_i推定結果

チェーン型					
C	w_1	w_2	w_3	w_4	w_5
4.00	0.000	0.333	0.333	0.333	0.000
4.50	0.063	0.292	0.292	0.292	0.063
5.00	0.125	0.250	0.250	0.250	0.125
5.50	0.188	0.208	0.208	0.208	0.188
5.60	0.200	0.200	0.200	0.200	0.200
6.00	0.250	0.167	0.167	0.167	0.250
6.50	0.313	0.125	0.125	0.125	0.313
7.00	0.375	0.083	0.083	0.083	0.375
7.50	0.438	0.042	0.042	0.042	0.438
8.00	0.500	0.000	0.000	0.000	0.500

表 6.4　ホイール型の w_i 推定結果

	ホイール型				
C	w_1	w_2	w_3	w_4	w_5
4.00	0.667	0.083	0.083	0.083	0.083
4.50	0.583	0.104	0.104	0.104	0.104
5.00	0.500	0.125	0.125	0.125	0.125
5.50	0.417	0.146	0.146	0.146	0.146
6.00	0.333	0.167	0.167	0.167	0.167
6.50	0.250	0.188	0.188	0.188	0.188
6.80	0.200	0.200	0.200	0.200	0.200
7.00	0.167	0.208	0.208	0.208	0.208
7.50	0.083	0.229	0.229	0.229	0.229
8.00	0.000	0.250	0.250	0.250	0.250

表 6.5　Y 型の w_i 推定結果

	Y 型				
C	w_1	w_2	w_3	w_4	w_5
4.00	0.544	0.060	0.060	0.060	0.275
4.50	0.455	0.092	0.092	0.092	0.268
5.00	0.375	0.125	0.125	0.125	0.250
5.50	0.300	0.158	0.158	0.158	0.225
6.00	0.230	0.192	0.192	0.192	0.193
6.19	0.205	0.205	0.205	0.205	0.180
6.50	0.164	0.227	0.227	0.227	0.156
6.68	0.141	0.239	0.239	0.239	0.141
7.00	0.102	0.261	0.261	0.261	0.114
7.50	0.046	0.297	0.297	0.297	0.064
8.00	0.000	0.333	0.333	0.333	0.000

では $C=6.80$ をそれぞれ追加する), 上記の n, C の値を (6.15) 式に代入して Q の値を求めることにする。CN の各タイプにおける w_i の推定結果は, 表 6.2～表 6.5 のように整理される。

表 6.2 の結果より, サークル型はすべての数値例 (平均エネルギー C の変

6章　コミュニケーション・ネットワークにおける低エネルギーと高エントロピーの調和モデル

動を問わず），かつすべてのメンバー i に関して，同じ結果（$w_i = 0.20$）が得られることがわかる．これは，サークル型における各メンバーがそれぞれ2つのパスを持ち，6.4節で述べたように，すべてのパスを等確率で選択することから，これは当然の結果である．したがって，最も安定した CN として位置づけることができる．

一方，チェーン型では平均エネルギー C の増加に伴い，両端のメンバー（$i = 1$ と $i = 5$）の負荷配分ウェイト w_i は単調増加し，それ以外のメンバー（$i = 2, 3, 4$）の負荷配分ウェイト w_i は単調減少する．上記のような特徴により，全てのメンバーの負荷配分ウェイト w_i が等くなる（$w_i = 1/5$）ときの業務遂行エネルギーは $C = 5.60$ であることがわかる．したがって，$C < 5.60$ の場合，$w_1 = w_5 < w_2 = w_3 = w_4$ となり，$C > 5.60$ の場合，$w_1 = w_5 > w_2 = w_3 = w_4$ となる．

これに対して，Y 型では平均エネルギー C の増加に伴い，メンバー 1 と 5 の負荷配分ウェイトは単調減少し，端にいるメンバー 2, 3, 4 の負荷配分ウェイトは単調増加する．また，チェーン型と同様に，平均エネルギー C がある程度大きくなると，各メンバーの負荷配分ウェイト w_i が平均化することになる．例えば，$C = 6.19$ の場合 $w_1 = w_2 = w_3 = w_4 > w_5$ という結果が得られ，各メンバーの負荷配分ウェイト w_i が最も近づく．したがって，$C < 6.19$ の場合は $w_1 > w_5 > w_2 = w_3 = w_4$，$C > 6.19$ の場合は $w_1 < w_2 = w_3 = w_4 > w_5$ となる．特に，$C = 6.68$ のときは，メンバー 1 と 5 の負荷配分ウェイトが等しくなり，$w_1 = w_5 = 0.141$，$w_2 = w_3 = w_4 = 0.239$ という結果が得られる．一方で，$6.19 < C < 6.68$ の場合は，$w_2 = w_3 = w_4 > w_1 > w_5$ となり，$6.68 < C < 8.00$ の場合は，$w_2 = w_3 = w_4 > w_5 > w_1$ となる．すなわち，Y 型では，平均エネルギー C の変化に対する各メンバーの負荷配分ウェイトの変化が他の CN よりも複雑な振る舞いをするのである．さらに，Y 型の CN では，中心的な役割を果たす 1 のメンバーの存在によって，CN の中心度がサークル型やチェーン型よりも高くなるため，全てのメンバーの負荷配分ウェイトを均一化しようとすれば，相対的に多くのエネルギーを必要とすることになる．

最後に，表 6.4 の結果を見ると，ホイール型では平均エネルギー C の増加にともない，中心に位置する 1 のメンバーの負荷配分ウェイトが単調減少し，周りのメンバーの負荷配分ウェイトは単調増加することがわかる。また，$C=6.80$ のとき，全てのメンバーの負荷配分ウェイト w_i が等しくなることが確認される。そして，$C<6.80$ の場合には $w_1>w_5=w_2=w_3=w_4$ となり，$C>6.80$ の場合には $w_1<w_5=w_2=w_3=w_4$ となる。

以上の結果より，全てのメンバーの負荷配分ウェイト w_i が等しくなる平均エネルギー C は，サークル型＜チェーン型＜Y 型＜ホイール型の順となっており，CN の中心度が高いほど，負荷配分ウェイトを均一化（高エントロピー化）するためには，より多くのエネルギーを必要とすることがわかる。

本章で述べた CN における低エネルギーと高エントロピーの調和モデルは，その構造の違いと平均エネルギーの変化によるメンバーの負荷配分ウェイトへの影響を把握するための分析枠組みであり，CN における効率性と多様性のバランシング問題に対する新たなアプローチの方向性を示唆するものであろう。

〈参考文献〉

[6.1] Klir, G. J. and Folger, T. A., 本多中二訳『ファジィ情報学』日刊工業新聞社，1993 年。
[6.2] 深尾毅『分散システム論』昭晃社，1987 年。
[6.3] 国沢清典『エントロピー・モデル』日科技連，1975 年。
[6.4] 山下洋史『人的資源管理の理論と実際』東京経済情報出版，1996 年，168-179 ページ。
[6.5] Leavitt, H. J, "Some Effects of Certain Communication Patterns on Group Performance," *Journal of Abnormal and Social Psychology*, Vol. 46, No. 92, 1951, pp.38-50.
[6.6] 鄭年皓・山下洋史・松丸正延「コミュニケーション・ネットワークの情報伝達エントロピーと情報分布エントロピーに関する研究」『日本経営システム学会第 46 回全国大会予稿集』2011 年，111-130 ページ。
[6.7] 臧巍・鄭年皓・山下洋史・大野髙裕「コミュニケーション・ネットワークにおける低エネルギーと高エントロピーの調和モデル」『日本経営工学会平成 23 年度春季大会予稿集』2011 年，58-59 ページ。

7章
現代の企業とCSR

7.1 現代の企業とCSR

1990年代以後，企業行動様式に急激な変化が見られるようになった。特に，以下のような企業は，大規模でしかもグローバルな事業展開を行っている[7.1]。例えば，開発途上国にある仕入先工場の労働条件を監視しているナイキや，フェア・トレードのラベルが付いているコーヒーを販売し，コーヒー生産農家に国際商品市場価格以上を保障しているスターバックス，温室ガス排出量を大幅に削減しているブリティッシュ・ペトロリアム（BP），人権侵害の懸念のある投資先から資金を回収したペプシコーラ，人体に害を与える家畜用の生育促進剤の使用を規制しているマクドナルド，開発途上国に投資する際に人権問題や環境保全に取り組む方針を提示しているシェルなどの企業が広く知られている。これらの企業が有する共通点は，単に法律で定められている次元を超えて社会や環境にも配慮した方針を策定し，実践している点，すなわちCSR活動をグローバルな規模で繰り広げている点にある。

しかしながら，これらの動向は株主の利益を犠牲にしてしまう危険性がある。ここでいうCSRとはCorporate Social Responsibilityの頭文字であり，一般的に「企業の社会的責任」と呼ばれる。このように，CSRの文字通りの意味は，企業が社会に対して負う道義的責任のことであるが，一般的には「企業活動のプロセスの中に社会的公正性や環境への配慮などを組み込み，利害関係者に対するアカウンタビリティを果たしていくこと」とされ，「その結果，経済的・社会的・環境的パフォーマンスの向上をめざすこと」として認識されている[7.2]。

ここで興味深いことは，上述した企業のほとんどが自ら起こした不祥事の

対価として厳格な政府規制や，激しい不買運動のような消費者からの市民規制を受けていた点である。これは，企業の活動する「場」である市場での活動が制限されることを意味する。とりわけ，後者については，市場が消費者の政治性を表す場となり，それまで企業に対して期待していた効率性以外に，社会性や倫理性までも要求することとなったことに他ならない。実際に，ヨーロッパでは，市民団体の支持率が既存の政党を上回っており，マルチ・ステークホルダー・プロセスのような形で，欧州連合の政策執行機関である欧州委員会の政策決定にも大きく影響を及ぼしている。ここでいうマルチ・ステークホルダー・プロセスとは，欧州連合の政策決定において「様々な利害関係者が対等な立場で議論を重ねながら，単独では解決が困難な課題の克服に向けて合意づくりを進める過程」を指す[7.3]。

これらの動向は，近年，ますますその重要性がクローズアップされている。図 7.1 が示しているように，ヨーロッパ諸国に見られる政府・企業・市民社会の間の力学関係は，過去と現在との間に著しい変化が見られる。

過去においての CSR をめぐる論争は，主に「巨大公開株式会社の中で膨大な支配力を手に入れた経営者への要請」という認識を示したバーリ＝ミーンズや，「他人の財産を社会に対して使用するのは盗む行為である」と主張したフリードマン，「社会の悪影響の発生に対してはとるべきものである

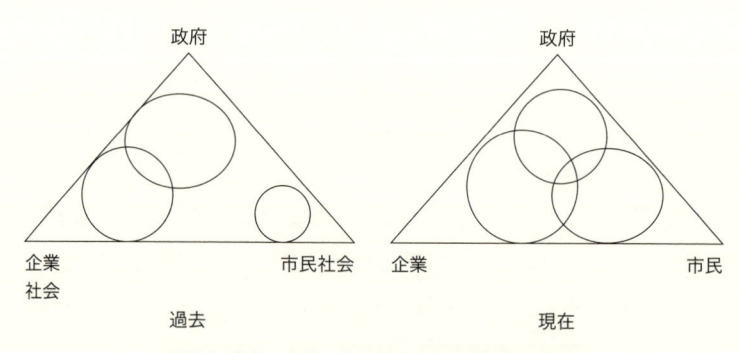

図 7.1 政府，企業，市民社会との力学関係の変化

(出所：Marcel van Mrrenwijk, "Conceps and Definitions of CSR and Corporate Sustainability: Between Agency and Communication," *Journal of Business Ethics*, vol. 44, 2003, p. 100.)

が，慈善行為に代表されるような社会貢献活動に関しては慎重であるべき」であると主張したドラッカー，「CSR への取組は採算性が合う時のみ積極的に行われる」と主張するヴォーゲルなど，経済学や経営学を代表する巨匠達によって批判的に取り上げられていた。

一方，米国で 1970 年代に社会的な矛盾を解消するためのツールとして一時的に注目されていた CSR が，1990 年代以後グローバルな次元で再び新たな動向として台頭している。その背景には，世界的レベルで頻発する企業不祥事，経済のグローバル化の進展，多様な価値観を持つ NGO の台頭，IT の進展などに大きな原因があるように見える。また，1970 年代に米国で現れた CSR と 1990 年代後半のヨーロッパで台頭した CSR にはいかなる差異があるのか？ その判断の基準は「企業価値の創造という考えが企業経営に組み込まれているかどうか」にある。前述したように，このような背景は，企業・政府・市民社会という行動主体の力学的関係の変化からも確認することができる。すなわち，企業と市民社会の権力は増大しているのに対し，相対的に政府の権力が弱化しているからに他ならない。実際のところ，権力が増強されている企業に対しては政府からの支援の要請があるが，その半面，過去より権力が強化された市民団体が企業活動を牽制する役割を果たすような様相を見せている。

また，CSR を促進する世界的な動向としては，CSR の規格化や環境報告書のグローバル・スタンダード化などを指摘することができる。近年では，ISO 26000 が CSR の世界標準として注目を集めている。ISO 26000 に関しては，世界標準化機構（ISO）が既に制定した ISO 9000（品質），ISO 14000（環境）とは異なり，第 3 者機関の認定とその内容の公表という義務がない点が問題点として指摘されているが，企業のような営利組織以外の組織にも対象領域を広げた点は大きな進展として位置づけられる。

7.2 経営戦略と CSR

経営戦略の研究者として国際的に著名なハーバード大学教授のポーター

（Michel E. Porter）は，2006年にクラーマー（Mark R. Kramer）との共同研究「戦略と社会（strategy and society）」を通して，競争優位性とCSRをいかにリンクさせるのかについて取り上げた[7.4]。特に，彼の理論の枠組みを支えている1つの要因としてのバリューチェーン（value chain）活動をいかにCSRと連携させるのかについて触れており，「受動的なCSR」から「戦略的なCSR」への移行の重要性を強調している。

彼らは，企業にとって制約条件となる環境に投資することによって，制約条件自体を変えることが重要であることを主張している。バリューチェーンの社会的次元において最も低いレベルの「一般的にもたらす社会への影響」から「価値連鎖が与える社会的影響」の過程を経て，最終的には「競争環境の社会的次元」へと向かう方向性を，企業と社会のニーズの一体化を強化する戦略として認識しているところにも，これが現れている。

このような動きは，2005年9月に他界した「経営戦略の父」とも言われるアンドリュース（Kenneth R. Andrews）の経営思想にも現れている[7.5]。彼

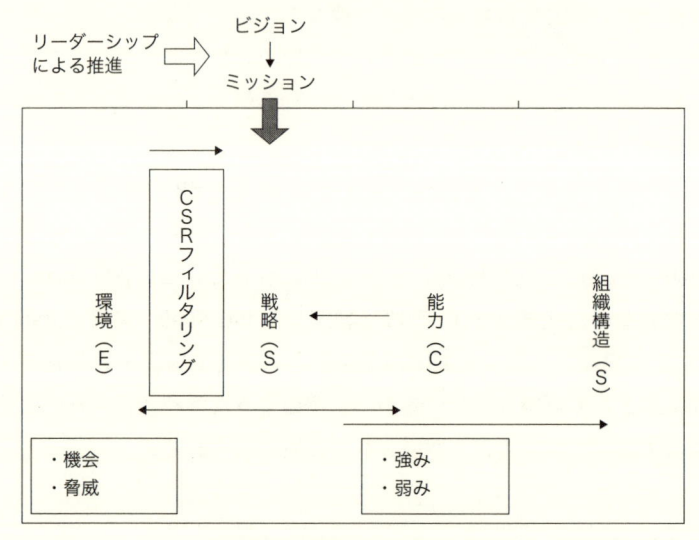

図7.2 ESCSフレームワーク

（出所：William B. Werther Jr. and David Chandler, Strategic Corporate Social Responsibility: Stakeholders in a Global Environment, SAGE Publications, 2006, p. 46.）

は1989年に発表した論文を通して，米国社会で蔓延していた金融・軍需・行政への不信感に注目しながら，企業の究極的な存在意義が株主価値や利潤の増大化のみではないことを力説している。このような社会的な現象は近年の日本社会全体で引き起こされている諸問題とも類似している。また，アンドリュースは，誰でも企業組織内にいるだけで道徳心を失いやすくなるため，組織をあげてそれを維持または向上に努力すべきであると主張している。

それでは，企業経営を実行するプロセスの中でいかなる形でCSRに取り組むべきなのか？　ウェルテルとチャンドラー（2006）によれば，図7.2が示しているように，「戦術（具体性）→戦略（いかに）→CSR（フィルター）→ミッション（何を）→ビジョン（なぜ）」というプロセスの中で決定されるが，内部的な資源やケイパビリティなどの組織的な制約と，社会的・文化的・法的要因，利害関係者，市場，技術などのような環境的な制約の中で企業の行動様式が決まるとされる[7.6]。

7.3　日本企業におけるCSRの進展

日本では，2003年が「CSR元年」ともいわれるほど，それ以後，多くの企業がCSRの導入を積極的に行うようになった。実際に，CSRの推進体制整備，現状課題の顕在化，基本方針策定，CSRレポートの作成と発行などの分野を中心に，CSRの大きな進展が見られるようになった。この時期を「CSR第1期」とするならば，現在ではこの段階を超えて，事業とCSRの融合を図る「CSR第2期」に入っているように見える。

このようにCSRの大きな進展が見られる事例としては，国連グローバル・コンパクト・ジャパン・ネットワーク（GC-JN）がある[7.7]。これは2001年に創設されたが，参加状況をみると，200くらいの組織（公共機関が91カ所，民間企業が100-150社）になることがわかる。その中でも，2011年に急激に増加したが，それは，日本青年会議所（JC）の加盟がその大きな原因となっている。JCはGC-JNとMoUを締結したことで企業の参加を大きく

推進させた。一方で，日本の事務局としては，参加後の各社の GC-JN に対する取り組みが課題であるとみている。すなわち，彼ら・彼女らの「勢い」と「邪心の無さ」を評価しつつも，最初の COP 文書提出時に積極的な参加意志を見せるかどうかが大きな課題となると考えているのである。

日本の GC-JN の特徴には，以下の3つがある。

まず，国連グローバル・コンパクトに加盟した企業が，他国に比べて加盟後に何らかの理由で除名される割合が非常に低い点である。実際に，参加国数で1位のスペインは加盟した後に除名される企業が多いのも現状である。これらの状況から判断すると，基本的に日本の加盟企業は「的確に体制を整えてからの参加」という姿勢を堅持しているようにみえる。

第2に，参加団体の主体的な活動として，分科会での活動が熱心に行われていることが特徴としてあげられる。最初は「学習と対話の場」という認識が，徐々に「情報発信と協働の場」へと移っている。

第3に，GC-JN 加盟のメリットとして，企業団体での活動を補完している点である。すなわち，プラットフォームの上で加盟した企業間で相互に CSR 情報を共有し活動を促進することができる点である。GC-JN の組織は，一般社団法人に会員制をとっているが，正会員には1社当たり年間10万円の支払いの義務がある。GC-JN へ派遣された人々の人件費は母体企業が負担しているのに対し，日本政府は GC-JN 本部へのファンド拠出を行っていない。これは，ファンドを拠出している北欧・中国・韓国などの政府とは明らかに異なっている。

7.4　日本の多国籍企業におけるグリーン調達の動向

近年，人類は地球温暖化に代表されるように，地球規模での深刻な環境破壊の危機に直面しており，それらの悪影響と決して無関係といえない企業への責任を厳格に問う声が少なくない。もちろん，経済活動の「負」の側面を生み出している重要な主体として認識されている企業側は，従来よりも厳格さを増している環境規制への対応を余儀なくされている。周知の通り，ヨー

ロッパやイギリスでは 2000 年以後，WEEE 指令，RohS 指令，REACH 規制などのような環境規制を積極的に行っている。これらの規制にいかに対応するかの課題は，実際にヨーロッパ地域で事業活動を営んでいる日本の電気・電子・化学・自動車業界において死活問題となっている。

　これらの規制に対応するために，企業（購入企業；purchasing firm）には自社が使用する資材や原料をサプライヤーから調達する際に，環境負荷の低いものから優先的に選択することが求められている。このような調達行為のことを「グリーン調達（green procurement）」といい，いわゆる環境物品市場の形成・開発などの波及効果も期待することができる。これと関連して，自社内での研究開発はもちろんのこと，サプライヤーにも要請事項として周知徹底されている。循環型社会をめざすためには，環境への負荷を最小限に抑える再生用品の使用を積極的に推し進めることが求められているのである。実際に日本では，2001 年に「グリーン購入法」（国等による環境物品等の調達の推進等に関する法律）が制定され，政府機関への制度導入はもちろんのこと，民間企業にも大きな影響を及ぼしている。

　一方，CSR の全世界的な広がりにより，「環境」に関わるイシューだけでなく，「社会」をイシューとし，サプライヤーの調達条件に取り組むことを要請する動向も見られている。米国のアパレル業界の場合，1990 年代にナイキやリーボックなどのスポーツ用品メーカーが不祥事を引き起こした後，児童労働の禁止・安全衛生の確保・労働環境の改善など，CSR に不可欠な課題を詳細に取り上げ，それらを調達条件として積極的に取り組む動向も見られている。

　なお，人権・労働・環境・腐敗の防止に関する 10 原則の順守を促す「国連グローバル・コンパクト（The United Nations Global Compact）」，労働条件や労働環境に限定した倫理規準を示している「SA（Social Accountability）8000」，企業が社会倫理に関する報告書を作成する際の基準となるプロセスを測定する規格としての「AA（Account Ability）1000」などのような国際的に信頼性の高い認証機関の台頭が，これまで地域や企業ごとに異なってしまっていた評価基準を統一させるきっかけとなった。これらの認証機関は，

グローバル企業に対して順守すべき国際標準を提示し，その基準に照し合せて企業活動を評価するとともに，その基準を満たす企業を認証する一連の動向もある。これらの動きは，グローバルな事業展開を行って当該企業の経営方針に対して積極的に CSR 調達を取り組ませようとする際の主な要因となり，その浸透に拍車をかけている。

一方，サプライチェーンにおける CSR の展開は，企業ごとに異なる形で行われているが，具体的には「サプライヤー行動憲章（supplier code of conduct）」「global chain management」「enterprise chain management」などのような形で実現されている。実際に，米国では 2004 年 6 月から 10 月の間に Celestica, Cisco, DELL, HP, IBM, Intel, Microsoft, ソニーなどの企業が EICC（Electronic Industry Code of Conduct）の規準に従ってサプライヤーとの取引を行っている[7.8]。

次に，以下では日本の代表的なグローバル企業 2 社の取り組みを紹介することにしよう。

まず，資生堂は，1999 年に環境改善を目的とした「グリーン調達基準」を策定し，これを国内のサプライヤーに提示した[7.9]。その後，同社はサプライヤーにアンケート調査を実施し，環境保護活動推進に関する相談窓口の設置や，商品の環境配慮に関するサプライヤーから出された提案などを取引方針に取り組むような形で社会に対する環境負荷を低減するよう努力している。

さらに同社は，2001 年から使用済みの化粧品瓶のリサイクル活動を全国的に展開して，消費者・化粧品販売店・化粧品瓶製造会社とともに資源循環の体系をつくり，リサイクル活動を推進している。2005 年には，国内外の 500 社のサプライヤーを対象にアンケート調査を実施した。その結果をベースにしながら，国連グローバル・コンパクトの 10 原則と国内外の CSR 先進企業の事例を参考にして「資生堂グループサプライヤー行動基準」を策定した。さらに 2004 年 9 月には，国連グローバル・コンパクトへの参加を表明し，国際社会の企業市民として自発的に社会的責任を果たすという宣言を行った。2006 年 3 月 22 日には同社の化粧品工場 4 カ所の原材料調達を中心

としたサプライヤーに対する説明会を開催し，現在も積極的なCSR活動を展開している。

次に，ミズノは2010年に，それまで使用していた「ミズノ供給者基本原則」を改定し，「ミズノCSR調達行動規範」を制定した[7.10]。これはCSRの国際的な規範であるISO 26000を参考にして，「環境」項目の補強，「公正な事業慣行」，「地域社会参加及び開発」などの項目を追加したものである。こうしたCSR調達行動規範の制定とともに，CSR調達監査および工場別に締結する書類など同社の「CSR調達規定」を改定し，2010年から運用している。また，サプライヤーに対してCSR基本理念に充実した透明で公明正大な企業活動を図っている。

同社はCSR調達規定に従って製造委託工場の労働環境の改善を進めており，基本的な人権の尊重とコンプライアンスだけでなく，労働環境や安全衛生，さらには環境保全に関するシステムも監査している。2010年には，CSR調達の監査チェックリストについて，従来は別々に行ってきた中国のサプライヤーの適用基準と，それ以外のアジア諸国のサプライヤーに適用する基準とを統一した。また，倫理監査の内容についても環境に関する内容を強化し，監査項目別に優先順位を設定した。さらに，中国の34カ所の工

表7.1　日本企業の調達行動憲章の事例

企業名	調達行動憲章の名称	開始時期	運用内容	管理組織	倫理監査の継続性の有無
イオン・グループ	イオン・サプライヤーCoC	2003年	国内外のサプライヤーを対象に第三者による倫理監査	—	毎年実施
資生堂	資生堂サプライヤー行動基準	2005年	国内外のサプライヤーが対象	調達部	毎年実施
ソニー	ソニーサプライヤー行動規範	2005年	国内外のサプライヤーが対象	—	毎年実施
バンダイ	バンダイCoC宣言	1998年	国内外のサプライヤーが対象	—	毎年実施
ミズノ	CSR調達行動規範	2004年開始2010年改正	2010年度中国34カ所工場と，その他の6カ国での10カ所の工場	CEO直属の環境管理責任者と監査チーム	毎年実施

(出所：文[7.7]。)

場と,それ以外のアジア諸国の 6 カ国の 10 カ所の工場を対象に倫理監査を行った。中国の監査に関しては,同社の子会社「上海ミズノ」の CSR 担当者が実施したが,それ以外の国の工場に対しては外部の監査機関に委託するような形で倫理監査を行っている。表 7.1 は日本のグローバル企業の CSR 調達の事例を示したものである。

〈参考文献〉

[7.1] Vogel, David, *the Market for Virtue: The Potential and Limits of Corporate Social Responsibility*, the Brookings Institution, 2005.(小松由紀子・村上美智子・田村勝省訳『企業の社会的責任（CSR）の徹底研究　利益の追求と美徳のバランス』一灯社,2007 年。)
[7.2] 谷本寛治編著『CSR 経営』中央経済社,2004 年。
[7.3] 田中信弘・木村有里編著『ストーリーで学ぶマネジメント』文眞堂,2012 年。
[7.4] Porter, Michel E. and Mark R. Kramer, "Strategy and Society: The Rink Between Competitive Advantage and Corporate Social Responsibility," *Harvard Business Review*, December, 2006, pp. 78-92.
[7.5] Andrews, R. Kenneth, *Ethics in Practices, Managing the Moral Corporation*, Harvard Business School Press, 1989.
[7.6] Werther, Jr., William B. and Chandler, David, *Strategic Corporate Social Responsibility*, SAGE Publications, 2006, pp. 44-45.
[7.7] 文載皓「日本のグローバル企業におけるサプライヤー行動憲章の現状と課題」『国際経商教育研究』第 9 巻第 2 号,2012 年,89-103 ページ。
[7.8] 文載皓「グローバル SCM における CSR の展開」『工業経営研究』第 2 巻,2011 年,95-101 ページ。
[7.9] 資生堂のホームページ（http://www.shiseido.co.jp/releimg/1320-j.pdf）2013 年 1 月 31 日アクセス。
[7.10] ミズノのホームページ（http://www.mizuno.co.jp/csr/sustainable/supply/）2013 年 1 月 31 日アクセス。

第 2 部：
バランシングの経営戦略

8章
顧客満足（CS）のためのマーケティング戦略

8.1 ターゲット・マーケティングと市場の細分化

　市場は，異なる特性（例えば，性別・年齢・地域等）を有する複数のセグメント（segment）によって構成されている。こうした複数のセグメントのうち，特定のセグメントに焦点を当て，そこに適する経営資源を投入しようとするマーケティングの基本的な発想をターゲット・マーケティングと呼ぶ[8.1]。これに対して，市場全体を対象とするマス・マーケティング（mass marketing）は，大量生産・大量消費を前提に成立しており，急速に個性化・多様化していく現在のような市場状況の下では，こうしたマス・マーケティングが通用しないことは自明である。すなわち，セグメント別に異なる顧客のニーズを適切に満足させていこうとするターゲット・マーケティングが，現代的なマーケティング活動の起点となるのである。その際，顧客の特性別に市場を的確に分ける「市場細分化」が，ターゲット・マーケティングの前提となる。

　市場細分化は，市場を構成する顧客のニーズが非同質的であるという自然な事実に基づき，そのニーズをいくつかに類型化（セグメント化）することを意味する。これにより，同セグメントに属する顧客を満足させるためのマーケティング・ミックス活動が可能となる。また，同セグメントでは同質的なマーケティング活動を行うため，マーケティングの効率性を高めることになる。すなわち，市場細分化を，市場全体を対象とするマス・マーケティングを放棄する代わりに，セグメント別にマス・マーケティングの効率性を実現しようとする方策として理解することができるのである。換言すると，市場細分化を，マーケティング活動の効率性と，各セグメントでの集団的な

顧客満足（CS; Customer Satisfaction，以下 CS）のバランスを達成しようとする試みとして捉えることができるのである。

こうした市場細分化の基準については，人口統計学的な基準を基礎に，消費者の有するさまざまな側面から下記のように分類することができる[8.2][8.3]。

(1) 人口統計学的基準
　　年齢，性別，収入，職業，家族構成，学歴等
(2) 地理的基準
　　国，地域，人口密度，気候等
(3) 心理的基準
　　準拠集団の影響，口コミ，パーソナリティ，ライフスタイル等
(4) 行動基準
　　製品・サービスの購買量や使用頻度，購買契機，使用後反応等

8.2　マーケティング・ミックス

市場を細分化し，ターゲットとするセグメントが明確になれば，企業の目標や顧客満足を達成するための有効なマーケティング手段を選定することになる。その際，企業の統制可能な基本手段として，一般に 4P があげられる。すなわち，製品（Product）・価格（Price）・流通経路（Place）・販売促進（Promotion）という 4 つの手段が，マーケティング活動の基本的な要素となるのである。

これらは，それぞれ独立的な面でもマーケティング活動の重要な手段である。しかしながら，4P それぞれの要素は相互依存的であり，さまざまな状況で顧客を満足させるためには，4P を整合的に組み合わせ，シナジー効果をいかにして生み出していくかという問題，すなわち 4P ミックスの決定問題が，マーケティング・マネジメントの基本的な観点となる。こうした 4P から，さらに拡張されるマーケティング・マネジメントの問題を整理すれ

ば，下記のようになる [8.1] [8.3]。

(1) 製品

これは，ターゲットとする顧客や市場セグメントを特定し，その顧客や市場に対して提供する財を意味する。また，機能，品質，ブランド，サイズ，パッケージ，オプション等に関する製品やサービスのコンセプトを創出・実現し，ターゲットとする顧客や市場に最適な製品構成（製品ポートフォリオ）をめざす。

(2) 価格

これは，顧客が，当該の製品・サービスに対してどれくらいの価格水準ならば，購買活動を行うかについての基準を決めるものである。価格は，一般に製造・販売等のコストを基準に定められる場合（原価加算価格決定法）が多い。しかしながら，端数価格（odd-pricing）のように消費者の心理を利用する方式や，製品のライフサイクル別に価格を策定する方式も存在する。また，価格設定には，流通業者との取引価格，支払条件，値引き等の要因が考慮される。

(3) 流通経路

これは，ターゲットとする顧客や市場に対して，製品・サービスをどのような流通経路で販売するかを示すものである。流通経路は，取引相手，販売地域，配送範囲とコスト，物流拠点等の要因によって異なる。また，単なる流通経路の選択問題にとどまらず，流通業者の管理もその重要な観点となる。

(4) プロモーション

プロモーションは，広告，人的販売，セールス・プロモーション等，顧客や市場の需要を喚起するための販売促進活動を示す場合が多い。また，製品やサービスの特性によって，こうした販売促進の手段や組み合わせは異なる。しかしながら，直接的かつ短期的な販売促進のみならず，長期的に企業イメージを高めるための PR（Public Relations）活動もプロモーション活動の一環として重要な役割を果たしつつある。

8.3 マーケティング戦略

　マーケティング・マネジメントの発想に従えば，基本的には，与えられた市場に対して，自社に有利な特定のセグメントをターゲットとして選定し，製品やサービスを中心とした4Pミックスを展開することになる。安定的な経済成長の下では，市場を構成する各セグメントの成長も安定的であるため，一貫した製品やサービスの提供で企業活動の安定性を担保することができる。また，市場状況が安定的であるからこそ，当該の製品やサービスに直結する経営資源を部分的に投入することができ，個別製品ごとまたは個別サービスごとにマーケティング活動を展開すれば十分で，その方向性も比較的明確である。

　しかしながら，経済成長が鈍化するとともに，企業競争が激化してしまい，既に与えられている市場という発想は神話に過ぎず，セグメント別のマーケティング活動よりも，不確実な市場全体の動きに連動するマーケティング活動と全社的な対応が求められるようになった。そのため，全社的な観点でバランス良く経営資源を配分することの重要性が浮上し，製品やサービスの単位で市場に合わせることよりも，企業全体を市場に合わせ込むという発想の転換が必要になった。すなわち，マーケティング戦略，または戦略的マーケティングの概念が登場したのである。

　こうしたマーケティング戦略の基本的な観点は，市場の全体的な状況の把握と，自社の位置づけに置かれており，そこから製品ごと・サービスごとの差別化に先行して，いかに企業としての差別化を図るかが求められるようになった。このように全社的な対応を強調するという点で，マーケティング戦略は経営戦略と密接な関係を有する。こうした市場の全般的な状況と自社の位置づけを把握しようとする際の古典的な枠組みとしては，PPM（Product Portfolio Management）と競争地位の論理があげられる。

　PPMは，図8.1のように，縦軸に市場の規模や成長率といった市場の魅力

度を，横軸に市場占有率や価格競争力といった自社の競争力を設定することにより，市場状況と自社の位置づけ，さらにはマーケティング戦略の基本的な方向性を捉えようとする枠組みである．

(1) 花形

市場の魅力度と自社の競争力がともに高く，投資コストは多く回収することができる．しかしながら，市場の魅力度と自社の競争力がともに高いため，積極的に経営資源を投入していくような「拡大戦略」が基本的な路線になり，逆に資金回収が困難になってしまう危険性も内包する．一方で，市場の成熟化につれて，長期的には「金のなる木」になる可能性が高い．

(2) 金のなる木

市場の魅力度は低いが，自社の競争力が高いため，投資を上回る資金の回収ができる．こうした状況では，自社の市場占有率や他の競争優位性を保持する「維持戦略」が基本的な戦略となる．そのため，経営資源の投入は，競争優位を維持するための最小限の水準で十分である．また，市場の魅力が完全に失われる前に，できる限り多くの資金を回収しようとする「収穫戦略」も基本的な戦略的方向になりうる．

	低	高
高	問題児 (problem child)	花形 (star)
低	負け犬 (dog)	金のなる木 (cash cow)

市場の魅力度（縦軸）／自社の競争力（横軸）

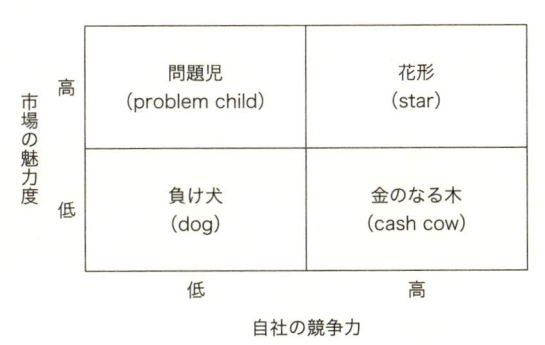

図 8.1　ポートフォリオ・マトリクス[8.3]

(3) 問題児

市場の魅力度は高いが，自社の競争力が低いため，資金回収の水準以上に多くの経営資源の投入が必要になる．すなわち，「拡大戦略」を展開する

ことにより，自社の競争力を高め，「花形」になる可能性を切り開くのである。しかしながら，その分だけ企業のエネルギー投入が大きくなり，市場の魅力度が急激に低くなって「拡大戦略」が失敗してしまえば，「負け犬」に陥る危険性も存在する。また，それに必要な経営資源の投入が困難であれば，果敢に「廃棄戦略」をとる場合もある。

(4) 負け犬

市場の魅力度も自社の競争力もともに低いため，新規の投資も資金回収も期待することができない。そのため，既存の事業や製品・サービスをいかに撤退するかという「廃棄戦略」が基本的な課題となる。一方で，果敢な「拡大戦略」により，自社の競争優位性を高めることができれば，「金のなる木」の状態にジャンプする可能性もある。しかしながら，市場の魅力度が低いため，多くの経営資源を投入することは一般に危険である。

一方で，市場における企業の競争地位を，4つのカテゴリー（リーダー，チャレンジャー，フォロワー，ニッチャー）に類型化し，それぞれの競争地位別の戦略的な方向性を示唆する「競争地位の論理」も広く用いられている。ここでは，こうした「競争地位の論理」を簡略に検討してみよう。

(1) リーダー (leader)

市場で最も高い市場占有率を有する企業が，競合相手と同質的な競争（例えば，同じカテゴリーの製品開発競争や価格競争）を展開すれば，圧倒的な競争優位を実現することができる。さらに，優れた経営資源を保有しているため，非同質的な競争（例えば，サービス競争）の側面でも市場全体に対するイニシアティブを発揮することが可能である。そのため，多様なマーケティング活動を全方位的に展開することができ，製品・サービスやブランドの「拡大戦略」を基本的な戦略路線として設定する場合が多い。

(2) チャレンジャー (challenger)

市場において，リーダーに次ぐ第2位や第3位の市場占有率を有し，規模の面ではリーダーに劣っているが，経営資源の質的な側面では決定的な差を

見せていない企業である。そのため,「差別化戦略」によって自社の市場を守りながら,果敢な「拡大戦略」を展開すれば,リーダーの市場占有率を奪い取ることができるかもしれない。これにより,リーダーへの道を切り開くこともできるのである。

(3) フォロワー (follower)

市場占有率において,リーダーやチャレンジャーとの差が大きいだけでなく,経営資源の量的・質的な面に対しても,大きく劣っている企業である。そのため,製品差別化やサービス差別化によって新規の市場需要を創出することは難しく,多くの場合,リーダーやチャレンジャー企業の製品・サービスの方向に乗る「模倣戦略」により,残分の市場を維持することが基本的な戦略となる。

(4) ニッチャー (nicher)

リーダーやチャレンジャーにとって,市場規模の面でコストを回収することができない,小さな(需要が相対的に少ない)セグメントで圧倒的な競争優位を達成しようとする企業である。そのため,新技術や新製品の大規模開発競争よりは,低コストで十分開発することができる付随的な製品やサービスを開発し提供することが,マーケティング戦略の基本的な方向性となる。

8.4 顧客観点のマーケティング

マーケティング・マネジメントを含んだ既存のマーケティング概念の背後には,企業が製品やサービスのコンセプトを顧客に対して一方的に提案し,自社の意図した方向に顧客を誘導しようとする考え方が潜んでいた。すなわち,顧客を企業活動の客体として認識し,操作的な対象として捉えてきたのである。しかしながら,消費者の個性化・多様化にともない,企業が意図する方向に顧客を制御することは非常に難しくなった。さらに,一回の取引のみでは,たとえそのプロセスで顧客が満足したとしても,昨今のような激しい企業競争を考えると,企業の持続的な競争優位の達成と維持が困難である。

そこで，顧客こそが企業の最大の資産であるという認識が広がり，顧客と長期的に友好な関係を構築しようとする「関係性マーケティング」の概念が急速に浸透することになった。また，ICT（Information & Communication Technology）の飛躍的な発展によるデータベース・マーケティングやCRM（Customer Relationship Management）の進展が，こうした「関係性マーケティング」をシステム的に支えている。

「関係性マーケティング」では，新規顧客の獲得という問題よりも既存の顧客の維持が重要な観点となり，持続的な顧客満足を通した「生涯価値」の確保が究極の目標となる。この「生涯価値」は顧客ごとに異なるため，「生涯価値」が最も高い（言い換えれば，収益への長期的な貢献度が最も高い）顧客を選別し，持続的な提案を行うことがマーケティング活動の重要な課題となるのである。こうした持続的な提案と顧客満足のためには，顧客データの収集と分析，さらにはフィードバックが必須となり，一方向的な情報の流れではなく，双方向的な情報共有が求められる。

上記の「関係性マーケティング」は，長期間にわたる持続的な顧客満足を実現しようとする有意義な概念であるものの，やはり企業主導による提案型のマーケティング・コンセプトである。そのため，顧客価値を高めるプロセスへの顧客の積極的なコミットメントという側面は不足している。そこで，次節では，価値創造プロセスへの顧客のコミットメントによる顧客満足の概念，すなわち「潜在的組織参加者」の概念を紹介していくことにする。

8.5 潜在的組織参加者

安藤[8.4]は，CS（顧客満足）の視点に基づき，「潜在的組織参加者」の概念を提示している。これは，企業にとってCSと従業員満足の両者を実現するためのアプローチは非常に似通っているとするものである。企業の「外」と「内」という違いこそあれ，企業が従業員に満足を与えることによって離職率や欠勤率の改善が進むのと同様に，顧客に対して満足を与えれば，顧客はその企業の製品・サービスを購入するというかたちで組織に参加し続ける

ことになるため，組織参加という観点からみれば両者は同じ発想に基づく概念なのである。このような安藤[8.4]の視点は「潜在的組織参加者」の概念のみならず，企業と顧客との双方向性やCRMといった顧客重視の観点に通じるものである。

また，安藤[8.4]は，「CSの向上は企業に好循環をもたらす」としている。まず，CSが高ければ，その製品・サービスをさらに継続して購入しようとする顧客，すなわち「リピーター」が誕生する。その評判の高さを聞きつけ，これに追随する新たな顧客を開拓することができるのである。その結果，CSの向上に努めた企業は市場での競争優位性，収益力が高まる。さらに，企業は，競争優位性や収益力の向上により，品質改善や新製品開発に向けた一層の工夫・努力を行う余力が生じることになる。そして，こうした新たな努力が，さらなるCSの向上につながることになる[8.4]。このようなCSの向上により，企業の競争優位の好循環が生まれるのである。

さらに，山下[8.5]は，「潜在的組織参加者」の概念が，これまで顧客を組織の外部者として認識してきた多くの企業に対して，発想の転換を要求し，下記のような示唆を与えることを指摘している。

① 「潜在的」であるにしろ組織参加者である以上，顧客とのコミュニケーション，コラボレーションが大切である。
② しかしながら，空間的には組織の「外」に位置するため，顧客とのコミュニケーション，コラボレーションには，インターネットを中心としたICTの活用が条件となる。
③ 顧客とのコミュニケーションから得られる情報は，CSを目指して積極的に活用すべきである。
④ そのためには，組織全体でこの情報を共有化し，顧客のニーズに対してアジルに対応していく必要がある。
⑤ 以上より，できる限り多くの顧客をリピーター化し，「潜在的」以上の組織参加者として，組織の内部に取り込むことが求められる。

第 2 部：バランシングの経営戦略

　以上のように，顧客を「潜在的組織参加者」として捉え，企業の内部に位置づける視点は，顧客とのインタラクティブな関係の構築と，顧客コミットメントによる CS の実現に非常に重要な観点となるであろう。

〈参考文献〉

[8.1]　上原征彦『マーケティング戦略論』有斐閣，1999 年。
[8.2]　野口智雄『マーケティングの基本』日本経済新聞社，1995 年。
[8.3]　山下洋史・金子勝一『情報化時代の経営システム』東京経済情報出版，2001 年。
[8.4]　安藤史江「顧客満足」高橋伸夫編著『超企業・組織論』有斐閣，2000 年，25-34 ページ。
[8.5]　山下洋史「e-SCM における顧客満足と「潜在的組織参加者」の概念」『明大商学論叢』第 84 巻 1 号，2002 年，129-146 ページ。

9章
グローバル・ビジネスにおける標準化と現地適応化の調和問題

9.1 企業環境の変化とサプライチェーン・マネジメント（SCM）

　現在の企業環境を捉える際のキーワードとして，グローバル化と情報化を指摘することができる．企業にとって，グローバル化と情報化は避けて通ることのできない潮流なのである．その背景には，地球規模での激しい企業間競争が展開され，こうした競争を勝ち抜くためのグローバル戦略と情報戦略が求められるようになったという要因があるように思われる．

　そこで，多くの企業は，上記のような激しい企業間競争に立ち向かうべく，パートナーとなる企業を世界中から探し，手を握ること（提携）により，互いの強みを活かし弱みを補完し合おうとしている．さらに，これを戦略的に行おうとする「戦略的提携」（戦略的アライアンス）が注目されるようになった．

　一方，バブル経済崩壊後の構造的不況の続く日本企業は，何とか現状を打破しようとサプライチェーン・マネジメント（Supply Chain Management；以下「SCM」と表すことにする，11章を参照）に高い関心を寄せている．その背景には，大きな期待をかけて取り組んだリエンジニアリング（Business Process Reengineering；以下「BPR」と表すことにする，11章を参照）の行き詰まりや，上記のような企業間でのパートナリングやコラボレーションの必要性の増大，さらには企業行動のアジリティへの関心の高まり，といった要因があるものと考えられる．すなわち，企業間のパートナリングやコラボレーションによる，供給連鎖（サプライチェーン）全体としての競争優位が求められる今日，BPRのような個別企業の最適化のみでは不十分となって

いるのである。

　SCMは，これまで部門ごと，あるいは個別企業ごとの最適化にとどまっていた情報・物流・キャッシュに関わる業務の流れを，サプライチェーン全体の最適化へとシフトさせようとするマネジメント・コンセプトである。IT（Information Technology；情報技術）の活用による情報共有と全体最適化のための業務プロセスの改善や改革を通じて，サプライチェーン全体のキャッシュフローの効率を向上させるのである。さらに，近年はインターネットを中心とした情報ネットワークの急速な発展と普及により，ITという用語はICT（Information & Communication Technology；情報通信技術）という用語に置き換わりつつある。そういった意味では，現在のSCMでは，ITの活用というよりもICTの活用による全体最適化と言った方が良いかもしれない。

　それでは，どのようにしてSCMではサプライチェーンを構成する企業群全体の最適化（全体最適化）を達成しようとしているのであろうか？

　それは，サプライチェーン全体での「情報共有」による業務プロセスの「同期化」であろう。これまで，多くの企業が個別に自社の生産性向上を図ってきたが，個別企業ごとの生産性向上は必ずしもサプライチェーン全体の最適化には結びつくわけではない。なぜなら，生産性の低い工程や企業の生産能力をそのままにして他の工程や企業の生産性をいくら向上させても仕掛り在庫を増加させるだけで，サプライチェーン全体の生産性向上にはつながらないからである。それだけでなく，交通渋滞と同様に，かえって仕掛り在庫がスムーズな生産の達成を妨害してしまうことも多い。そこで，サプライチェーンを構成する企業間での「同期化」が求められるのである。

　さらに，こうした「同期化」のためには，サプライチェーン全体での情報共有が必要である。従来は企業と企業との間の壁が障害となって，生産情報や販売情報が企業間で分断されてきた。しかしながら，現在ではインターネットを中心としたIT（ICT）の発達により，企業間での情報の壁が低くなりつつある。SCMでは，このIT（ICT）を積極的に活用して情報共有，そして知識共有を推し進め，環境の変化に対して迅速かつ柔軟に対応していこうとするのである。

一方,近年の企業活動におけるグローバル化の急速な進展により,従来のSCMは,グローバルSCMへと拡大し始めている。こうした「SCMからグローバルSCMへ」の流れは,国内のサプライチェーンの全体最適(ドメスティックなグローバル・オプティマム)から地球規模での全体最適(グローバルなグローバル・オプティマム)への概念の拡張を意味する[9.1]。したがって,BPRのめざす個別企業の全体最適が,SCMにとっては部分最適に相当するのと同様に,グローバルSCMにとって従来のSCMのめざす全体最適は部分最適に相当するのである。

これからの企業にとって,IT(ICT)を活用した情報共有・知識共有と,それによる供給連鎖の同期化を図る「グローバルSCM」のマネジメント・コンセプトは,地球規模での全体最適化を図る上でとても重要な役割を果たすことが予想される。また,グローバルSCM自体も,社会科学と工学にまたがる新たな学際的研究領域を生み出す可能性を秘めている。

9.2 生産の効率化と製品・サービスの個性化とのトレード・オフ

一般に,企業活動は,生産(製品の生産のみならず,サービスの生産を含めて)と販売という2つの舞台を中心に展開されており,両者は互いに密接な関係を有している[9.2]。この密接な関係のめざすところは,前述のような,生産と販売の「同期化」であり,そのためのタイムリーな生産・販売を「情報共有化」が支えることになる。これまで,企業間での情報の壁が障害となって分断されてきた生産情報や販売情報を共有することで,意思決定の基盤(情報)を揃え,生産と販売の同期化を図るのである。しかしながら,こうした生産と販売の間の同期化を実現することは容易ではなく,多くの企業がこれらの間に生じる「非同期化」という現実に苦しんでいる[9.2]。それでは,なぜ生産と販売が同期化されないのであろうか？

筆者ら[9.3]は,その最大の要因が,①生産・販売の効率化要求と,②製品・サービス(販売)の個性化・多様化要求との間のギャップにあることを示唆している。①と②の間にトレード・オフの関係が横たわっていると考

えるのである。本書では、これらを、① 低エネルギー化と、② 高エントロピー化の方向性として位置づけている。

周知のように、生産の効率性を高めようとすれば、品目数の絞り込みや生産ロットの拡大（少品種多量生産）をめざすことになるが、これだけでは多様なニーズへの対応が困難になってしまい、市場（販売）の個性化要求に応えることはできない。そこで、多様なニーズに対して柔軟に対応すべく品目数を増加させると、1品目当たりの生産ロットが小さくなり（多品種少量生産）、生産効率が低下してしまう。ここに、生産の効率化と製品・サービスの多様化・個性化との間のトレード・オフが存在し、企業はさまざまな創意工夫によって、このトレード・オフ問題に対抗しなければならないのである[9.2]。

現在の社会システムは、消費者の価値観の多様化によって、価格を柱とした単純なニーズから、個性的なデザインや付加機能、そして新たなコンセプトや独自のライフ・スタイル等、多様なニーズへと移行している[9.3]。そこで、企業は生産と販売の効率性をできる限り低下させずに、多様なニーズに応えるよう、上記のトレード・オフ問題に対抗するという非常に難しい課題に直面しており、こうした課題に対してフレキシブルに対応していく能力が問われている。これこそが、本書で論じる「バランシング」（企業活動の効率性と多様性との間のバランシング）なのである。

9.3 企業活動におけるエネルギーとエントロピー

ここでは、グローバル・ビジネスにおける標準化（グローバル標準化）と現地適応化（ローカル適応化）の関係について論じる際に重要な役割を果たすエネルギーとエントロピーの関係について検討していくことにしよう。人間や組織の意思決定は、相対的に高いエントロピーを持つ入力情報を、低エントロピーの出力情報に変換するフィルターとして捉えることができる。すなわち、「入力情報 → フィルター機構→出力情報」という「情報処理過程」である。西川ら[9.4]は、入力情報から人間が何らかの意思決定を行って出力

情報を生成する際に介在するあいまいさを「行動エントロピー」と呼んでいる。

人間や組織の情報処理過程において，何らかの意思決定を行うというエネルギー投入は行動エントロピーを減少させる。これは，入力情報の持つあいまいさ，すなわちエントロピーの水準よりも，出力情報の持つエントロピーの水準の方が小さいことを意味する。このようなエネルギー投入（意思決定）によるエントロピー水準の減少は，生産過程の場合と同様に，出力情報の価値を高めることを意味する。すなわち，人間や組織による意思決定というエネルギー投入がエントロピーを奪い取る（エントロピー水準を低下させる）ことにより，出力情報の価値を高めているのである。

ただし，物理学（とりわけ，熱力学）におけるエネルギーの単位は，カロリーあるいはジュールであるが，本書では社会科学（経営管理論や経営戦略論）の問題を包括的に論じるべく，エネルギーの持つ，仕事あるいは仕事量としての性格を重視して，その単位をカロリー（Cal）ではなく，ジュール（J）として位置づけることにする。これは，基本的に社会科学が人間や組織の行動メカニズムを論じる学問であるため，人間や組織が行う仕事あるいは仕事量がエネルギーの核となる視点であろうという考え方に根ざしている。

このように，生産過程におけるエントロピーと物理価値の関係と同様に（単位は異なるが），「低エントロピー源」としてのエネルギーと情報の価値との関係を仮定することにより，人間や組織の情報処理過程におけるエントロピーの問題を，「情報理論」の枠組みの中で議論することができるようになる。それは，エントロピー＝情報量（単位：bit）という枠組みであり，この枠組みに従えば，上記のようなエネルギー投入（意思決定）の過程で高めた価値は，獲得した情報量となる[9.5]。

9.4 グローバル標準化とローカル適応化のトレード・オフ

近年のICT（情報通信技術）の著しい進展により，国や地域の壁を越えたタイムリーな情報伝達・情報共有が可能になり，企業活動は急速にグローバ

ル化している。すなわち，ICTの活用により，グローバル・ビジネスの時間的・空間的制約を克服し，地球規模での企業活動が展開されているのである。これに関して，筆者（山下 [9.1]）は，企業活動のGlobal化にとって情報化は不可欠であり，情報化の進展にとってはGlobal化がその原動力となるという意味で，両者が相互に強化し合う関係にあることを指摘している。

　一方で，企業活動のグローバル化に代表される「国際化」を進める上で，企業には2つの選択肢が存在する。その1つが「グローバル標準化」であり，もう1つが「ローカル適応化」である。前者は本書における効率性重視の国際化に相当し，後者は多様性重視の国際化に相当する。こうしたグローバル標準化とローカル適応化との間にも，前述のような効率化と多様化・個性化との間と同様に，トレード・オフ問題が横たわっている。すなわち，製品やサービスを絞り込み，こうして絞り込んだ製品・サービスを地球規模で販売していけば（グローバル標準化），生産・販売の効率性は向上するが，それぞれの国や地域の多様なニーズに応えることが難しく，逆に多様なニーズに応えるべく，さまざまな種類の製品やサービスを提供しようとすると（ローカル適応化），1つの製品やサービスのロットが小さくなり，生産・販売の効率性が低下してしまうというトレード・オフである。

　企業は，上記のようなトレード・オフの存在を十分に認識し，どちらの方向での国際化に軸足を置くかについて，戦略的に考えていく必要がある。その際に，なるべく両者の利点，すなわち効率化と多様化・個性化の両立をめざすべきことは言うまでもないが，両者がトレード・オフの関係にあるということは，この両立が困難であることを意味するため，現実にはグローバル標準化とローカル適応化の「調和」を図っていくことになる。次節では，このような調和問題について，さらに掘り下げて検討していくことにしよう。

9.5　グローバル・ビジネスにおける「低エネルギー化と高エントロピー化の調和問題フレームワーク」

　企業が国境を越え，国際的な活動を展開していく際に，生産・販売の効率

9章 グローバル・ビジネスにおける標準化と現地適応化の調和問題

化と製品・サービスの多様化・個性化というトレード・オフ問題に対抗するためには，高エントロピー（多様化・個性化）と低エントロピー（効率化）の調和という「厄介な課題」に対して果敢に挑戦する必要がある。この問題を論じるための枠組みとして，筆者ら[9.6]は「企業活動における高—低エントロピーの調和問題フレームワーク」を提案している。これにより，企業活動において生産・販売の効率化（低エントロピー化）と製品・サービスの個性化（高エントロピー化）との間の「調和」を最も重要な基本的課題として位置づけ，このトレード・オフ問題に対する調和プロセスを図式化[9.6]したのである。

本章では，上記のフレームワークを基礎にして，そこでの情報理論的エントロピーの研究視座に，グローバル・ビジネスにおける企業活動の仕事量としてのエネルギー（ジュール；J）の視点を導入することにより，文理融合型フレームワークへの拡張を試みることにする。そこで，できる限り少ないエネルギーで企業活動を展開することが効率的であるという立場から，上記の「高—低エントロピーの調和問題フレームワーク」における生産・販売の効率化を「低エントロピー化」ではなく，「低エネルギー化」として位置づけ直すことにより，図9.1のような「グローバル・ビジネスにおける低エネルギー化と高エントロピー化の調和問題フレームワーク」を新たに提示する。

図9.1において，上部の四角の中は低エネルギー化と高エントロピー化との間の循環性を示している。四角の左側は高エントロピーの状態を，また右側は低エネルギーの状態を，それぞれ示している。ここで，もしローカル適応化を優先して製品・サービスの個性化・多様化（高エントロピー化）を進めようとすれば，一般に多品種少量生産を展開することになり，グローバル・ビジネスにおける生産と販売の効率性が低下（高エネルギー化）する。そこで，グローバル・ビジネスの効率性を高めようとすれば，製品・サービスのグローバル標準化（Global Standardization）を進め，地球規模で少品種多量生産への移行を図ることになる。こうして，少品種多量生産による，均一性の高い製品・サービスの提供が可能になればグローバル・ビジネスの効

率は向上し，それに費やされるエネルギーも低下する。すなわち，生産・販売の「効率化要求」が低エントロピー源となって，生産のみならず販売の面でも複雑性・不確実性（エントロピー）を排除し，グローバル・ビジネスに必要なエネルギーを低下させると同時に，効率的な企業活動を可能にするのである。

反対の見方をすれば，このような循環性が存在することが，低エネルギー化と高エントロピー化の調和が困難な課題であることを意味する。そこで，企業は常にこうしたグローバル・ビジネスの困難な課題（循環性）に対して果敢に挑戦し，両者の調和を図っていかなければならないのである。

一方，上記の循環性を，「マス・カスタマイゼーション」の視点から低エ

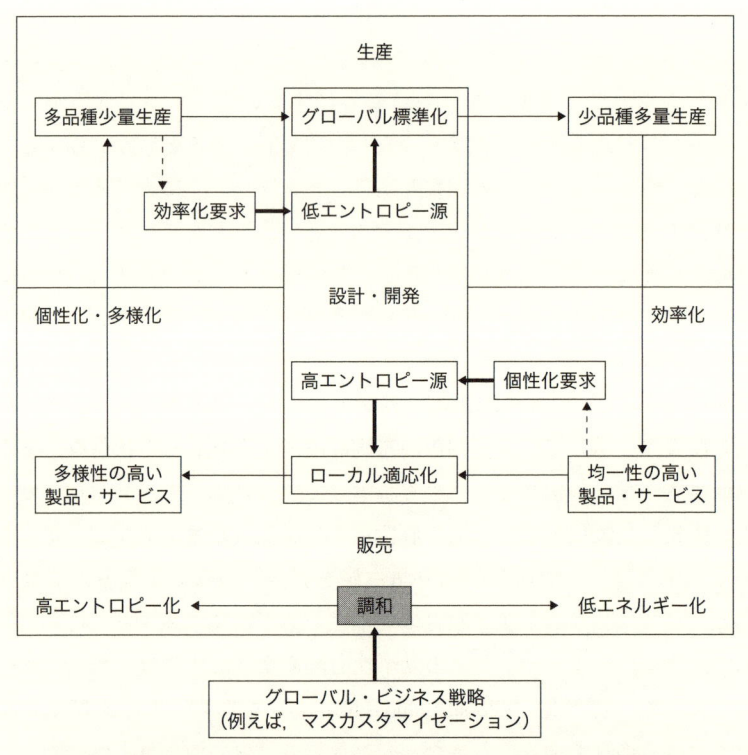

図9.1　グローバル・ビジネスにおける低エネルギー化と高エントロピー化の調和問題フレームワーク

ネルギー化と高エントロピー化の「ポリシー・ミックス」問題として捉えると，マス・カスタマイゼーションにおいても低エネルギー化は図9.1の右向きの流れに，また高エントロピー化は左向きの流れに相当する。したがって，こうした循環性により，効率化（低エネルギー化）要求と個性化（高エントロピー化）要求の完全な両立は不可能であるため，両者が少しずつ妥協した解（妥協解[9.7]，**5章を参照**）を見出さざるを得ない。その際に，マスカスタマイゼーションの「マス（プロダクション）」が，ある程度の規模の経済性を，また「カスタマイゼーション」が，ある程度の多様性を，ともに可能にするという意味で，この問題に対する妥協解となりうるのである[9.6]。

こうしたマスカスタマイゼーションによる「妥協解」は，本書の「低エネルギー化と高エントロピー化の調和問題」においても，1つの解として位置づけられる。すなわち，マスカスタマイゼーションは，「妥協的」ではあるが，グローバル・ビジネスにおける生産・販売の効率化要求と製品・サービスの個性化要求との調和を図る際の基盤となりうる「グローバル・ビジネス戦略」なのである。

9.6　グローバル・ビジネスにおける低エネルギーと高エントロピーの調和モデル

前節で提示した図9.1のフレームワークは，企業活動，とりわけグローバル・ビジネスにおける低エネルギー化と高エントロピー化の調和問題を定性的に捉えるための分析枠組みを提供するものであったが，ここでは，この調和問題フレームワークを基に「低エネルギーと高エントロピーの状態をいかに調和させるか？」を定量的に分析するための「基本モデル」を設定することにしよう。このモデルが，基本モデルであるのは，非常に複雑な構造を持つ実際のグローバル・ビジネスを，マクロ的に簡素化して，エネルギー（仕事量；J）とエントロピー（bit），およびこれらの間の換算係数としての外部環境条件の活発さ（bit/J）のみで記述しようとするからであり，今後この問題を複雑な現実へと接近させていく際の基礎を与えるからである。

ここでの基本モデルは、平均エネルギー（仕事量）がAで一定という条件のもとで、エントロピーEを最大化するモデルであり、エネルギーとエントロピーとの間に換算係数μを通してのバランス[9.8]を要求している。これは、「最大エントロピー原理」[9.9]に基づき、与えられた証拠（例えば、確率変数の平均）を制約としてエントロピーを最大化するような選択確率を推定する問題と同形式のモデルであることを意味する。ただし、この基本モデルでは、上記の係数μが、仕事量（J）をエントロピーの単位（bit）へと変換する換算係数であると同時に、外部環境条件の活発さを表す係数の役割も果たしていることを強調しておきたい。

まず、$i=0$を、グローバル標準化を表す添字、また$i=1, 2, \cdots, n$（i：国あるいは地域、以下では単に「国」と呼ぶことにする）を、ローカル適応化を表す添字とし、それぞれの選択確率$p_0, p_1, p_2, \cdots, p_n$の推定問題を考えていくことにする。その際、$i=1$を国内、$i=2, \cdots, n$を海外の国あるいは地域として位置づけることにする。

そこで、エントロピーEを (9.1) 式によって、また平均エネルギーを選択確率p_iとエネルギーJ_i（仕事量）の積和によって捉えることにし、ラグランジュ乗数μとλを用いて、この調和問題を (9.2) 式のように定式化する。ここに、右辺第1項はエントロピーを、第2項は平均エネルギーがAであるという制約条件を、第3項は選択確率p_iの和が1であるという制約条件を、それぞれ表している。

$$E = -\sum_{i=0}^{n} p_i \cdot \log p_i \tag{9.1}$$

$$\varphi = -\sum_{i=0}^{n} p_i \cdot \log p_i - \mu \left(\sum_{i=0}^{n} p_i \cdot J_i - A\right) - \lambda \left(\sum_{i=0}^{n} p_i - 1\right) \to \max \tag{9.2}$$

(9.2)式は上に凸であるため、まずφをp_iで偏微分して0とおく。

$$\delta\varphi/\delta p_i = -\log p_i - 1 - \mu \cdot J_i - \lambda = 0 \tag{9.3}$$

これをp_iについて整理すれば、

$$p_i = \exp\left[-\left(J_i/\mu + 1 + \lambda\right)\right] \tag{9.4}$$

となり，上式は構成要素iごとに$n+1$本得られるため，これら$n+1$本の方程式の総和でそれぞれの方程式を割ると，

$$p_i = \frac{\exp\left[-(\mu \cdot J_i + 1 + \lambda)\right]}{\sum_{k=0}^{n} \exp\left[-(\mu \cdot J_k + 1 + \lambda)\right]} \tag{9.5}$$

(9.4)式の分子と分母を，$\exp\left[-(1+\lambda)\right]$で約分すると，

$$p_i = \frac{\exp\left[-(\mu \cdot J_i)\right]}{\sum_{k=0}^{n} \exp\left[-(\mu \cdot J_k)\right]} \tag{9.6}$$

となる。ここで，$W = \exp[\mu]$とおくと，

$$p_i = W^{-J_i} / \sum_{k=0}^{n} W^{-J_k} \tag{9.7}$$

となり，(9.7)式の両辺に右辺の分母をかければ，

$$p_i \sum_{k=1}^{n} W^{-J_k} = W^{-J_i} \tag{9.8}$$

となる。この両辺にJ_iをかけて，iについて足し込めば，左辺の$\sum p_i \cdot J_i = A$であるため，上式は次のように変換される。

$$A \cdot \sum_{i=0}^{n} W^{-J_i} = \sum_{i=0}^{n} J_i \cdot W^{-J_i} \tag{9.9}$$

したがって，

$$\sum_{i=0}^{n} (J_i - A) W^{-J_i} = 0 \tag{9.10}$$

となる。そこで，(9.10)式を満足するWを数値的に求め，それを(9.7)式に代入することにより，(9.2)式を満足する選択確率p_iを推定することができる。

さらに，推定したWから$\mu = \log W$により，換算係数μを求めれば，$1/\mu$の値により「外部環境の活発さ」の程度を知ることができる。

9.7 数値例によるグローバル標準化とローカル適応化の調和分析

ここでは，前節の「グローバル・ビジネスにおける低エネルギーと高エントロピーの調和モデル」に対して簡単な数値例を設定し，グローバル標準化とローカル適応化との間の調和分析を試みることにする。これにより，グローバル標準化の選択確率 $G(=p_0)$ とローカル適応化 $L=(p_1+p_2+\cdots+p_n,$ ただし，p_1 は国内）の選択確率を推定するとともに，これらの推定値から前節の調和モデル（基本モデル）の妥当性を検討するのである。

そこで，まず平均エネルギー A，およびグローバル標準化（$i=0$）とローカル適応化（$i=1, 2, \cdots, n$）に費やされるエネルギー J_i に対して表9.1のような数値例（CASE-1～CASE-5）を設定する。

表9.1 グローバル標準化とローカル適応化に費やされるエネルギー J_i の数値例

CASE	平均エネルギー	グローバル標準化	ローカル適応化						
			国内	A国	B国	C国	D国	E国	F国
	A	$i=0$	$i=1$	$i=2$	$i=3$	$i=4$	$i=5$	$i=6$	$i=7$
1	1	0.8	1	1.5	1.5	1.5	1.5	1.5	1.5
2	1.2	0.8	1	1.5	1.5	1.5	1.5	1.5	1.5
3	0.8	0.5	1	1.2	1.2	1.2	1.2	1.2	1.2
4	1	0.8	1	1.2	1.2	1.2	1.5	1.5	1.5
5	1	0.8	1	1.2	1.3	1.4	1.5	1.6	1.7

次に，表9.1の数値例を用いて，前節の(9.10)式により W を数値的に求め，それを(9.7)式に代入して選択確率 $p_0, p_1, p_2, \cdots, p_n$ を推定していくことにする。こうして推定された p_0 がグローバル標準化の選択確率 G となり，$p_1+p_2+\cdots+p_n$ がローカル適応化の選択確率 L となる。表9.1におけるCASE 1～CASE 5の分析結果を整理すると，表9.2のようになる。

表9.2の結果より，すべてのCASEについて，最もエネルギー J_i の小さい（効率性の高い）グローバル標準化の選択確率 p_0 が最も大きく，次いでエネルギーの小さい国内（$i=1$）のローカル適応化の選択確率 p_1 が2番目に大きくなっていることが確認される。また，海外のローカル適応化（$i=2, 3,$

9章　グローバル・ビジネスにおける標準化と現地適応化の調和問題

表9.2　分析結果（選択確率 p_i と「外部環境の活発さ」を表す換算係数 $1/\mu$）

CASE	$i=0$	$i=1$	$i=2$	$i=3$	$i=4$	$i=5$	$i=6$	$i=7$	L	$1/\mu$
1	0.537	0.248	0.036	0.036	0.036	0.036	0.036	0.036	0.463	0.258
2	0.284	0.202	0.086	0.086	0.086	0.086	0.086	0.086	0.716	0.583
3	0.540	0.110	0.058	0.058	0.058	0.058	0.058	0.058	0.460	0.315
4	0.457	0.201	0.088	0.088	0.088	0.026	0.026	0.026	0.543	0.243
5	0.491	0.224	0.102	0.069	0.047	0.031	0.021	0.014	0.509	0.255

…, 7) についても，エネルギー J_i が小さいほど，選択確率 p_i が大きくなっており，これらは現実に即した結果であろう（こうした傾向は，CASE-5 の結果において端的に表れている）。

一方，CASE-1 と CASE-2 を比較すると，エネルギー J_i はすべて等しいのであるが，CASE-2 の平均エネルギー A の方が大きい分だけ，グローバル標準化の選択確率 p_0 と国内のローカル適応化の選択確率 p_1 が抑制され，海外のローカル適応化の選択確率 $p_2, p_3, \cdots, p_7$ が CASE-1 よりも少し大きくなっていることがわかる。また，CASE-1 と CASE-3 を比較すると，CASE-1 に対して CASE-3 のグローバル標準化エネルギーは大きく減少しているにもかかわらず，CASE-3 のグローバル標準化の選択確率 p_0 はあまり減少していないことが確認される。これは，グローバル標準化エネルギーのみならず，平均エネルギー A についても CASE-3 の方が小さくなっているからであろう。ただし，その分だけ国内のローカル適応化の選択確率 p_1 が大きく減少し，逆に海外のローカル適応化の選択確率 $p_2, p_3, \cdots, p_7$ は少し増大している。さらに，CASE-1 と CASE-4 を比較すると，海外のローカル適応化エネルギー J_2, J_3, J_4 が，CASE-1 よりも CASE-4 の方が小さい分だけ，CASE-1 よりも CASE-4 の選択確率 p_2, p_3, p_4 の方が大きくなっており，これらについても現実に即した結果であろう。

また，表9.2の $1/\mu$ の値を見ると，CASE-2 の値が最も大きくなっており，これより「外部環境の活発さ」の程度が CASE-2 において最も大きいことがわかる。これは，CASE-2 のようなエネルギー（$J_0, J_1, J_2, \cdots, J_7$）と平均エネルギー A のもとでは，企業が多様な活動を活発に展開することに

第2部:バランシングの経営戦略

なり,これがローカル適応化の選択確率を大きくするとともに,$1/\mu$の値についても大きくすることを示唆しているものと思われる。反対に,グローバル標準化の選択確率 p_0 が最も大きい CASE-1 において $1/\mu$ の値が最も小さくなっており,この場合はグローバル標準化に軸足を置くことによって企業活動の多様性が抑制されることを示している。以上のような結果から,本章の提案モデルの妥当性が確認されるのである。

〈参考文献〉

[9.1] 山下洋史・諸上茂登・村田潔編著『グローバル SCM』同文舘,2003年.
[9.2] 臧巍・山下洋史・鄭年皓「マスカスタマイゼーションと SCM」『工業経営研究学会 第23回全国大会予稿集』2008年,29-32ページ.
[9.3] Wei ZANG, Yohko ORITO, Hiroshi YAMASHITA and Kiyoshi MURATA, "Balancing between Efficiency and Effectiveness in Manufacturing through a Mass-customisation System: The High-low Entropy Framework," *Proceedings of Asia Pacific Conference on Information Management 2009*, 2009.
[9.4] 西川智登・清水静江・宮本日出雄「意思決定過程における入力情報に対する判断力の構造」『日本経営システム学会誌』Vol. 9, No. 1, 1992年,35-41ページ.
[9.5] 山下洋史「「循環型 SCM」と新世紀の経営倫理」『第2回「経営倫理」懸賞論文優秀論文集』2003年,5-17ページ.
[9.6] 山下洋史・臧巍・鄭年皓「高一低エントロピーの調和問題としてのマスカスタマイゼーション」『日本経営システム学会 第43回全国研究発表大会講演論文集』2009年,96-99ページ.
[9.7] 鄭年皓「組織における合意形成の協力解・妥協解・泣き寝入り解」『日本経営システム学会誌』Vol. 24, No. 2, 2008年,59-64ページ.
[9.8] 深尾毅『分散システム論』昭晃社,1987年.
[9.9] Klir, G. J. and Folger, T. A., 本多中二訳『ファジィ情報学』日刊工業新聞社,1993年.

10章
新製品開発とイノベーション

10.1 新製品開発とイノベーションの意義

　企業の市場環境の特徴を大局的に捉えると，製品・サービスのライフ・サイクルの急激な短縮と，消費者や市場の多様化に要約することができる。換言すると，このような企業環境により，企業競争力が加速的に低下してしまいやすいのである。そのため，企業はその持続的な成長と競争優位を達成するため，新製品開発競争とその周辺のサービス開発を充実させることになる。すなわち，「新製品開発」と「イノベーション」は，競争力の陳腐化に対抗する企業成長の源泉としての役割を演じるのである。

　また，新製品開発とイノベーションのプロセスにおいて，一般の組織運営と同様に，効率性重視と創造性重視のトレード・オフに果敢に対抗することが求められ，両者のバランスを取らなければならない。むしろ，新製品開発を通した新たな知識の生成とイノベーションという側面を考慮すると，創造性重視の観点が効率性重視の観点よりも優先的な課題や原理として位置づけられる[10.1]。本章では，こうした新製品開発とイノベーションの意義をふまえ，イノベーションの類型，研究開発とイノベーションのさまざまな性格等について概説していくことにする。

10.2 イノベーションの類型

　技術進歩の基盤は技術革新（イノベーション）の実現にある。産業は科学的な知識や技術のストックを利用して新製品の開発と生産方法を革新し，そのための新たな技術を開発する。プロダクト・イノベーション（product innovation）は，新製品の開発により差別化を実現し競争優位を達成していくイノベーションのことをいう。これに対して，プロセス・イノベーション（process innovation）は，製造方法・工程の改良によって競争優位を達成していくイノベーションである。ただし，この区別は決定的なものではない[10.2]。

プロダクト・イノベーションとプロセス・イノベーションの区別を強調することが難しい理由は，機械のような資本財の改良の場合，プロダクト・イノベーションでもプロセス・イノベーションでもあるというところにある。例えば，半導体製造装置の改良は装置メーカーにとってプロダクト・イノベーションであるが，この装置を開発・生産し，社内で使用して外部に販売していない半導体メーカーにとっては，半導体製造コストの低減を生み出すプロセス・イノベーションとみなされる。したがって，新たに生まれたイノベーションがプロダクト・イノベーションであるか，プロセス・イノベーションであるかは，企業の境界によって異なるのである。

いずれにせよ，イノベーションは投入と産出の関係を変える。したがって，イノベーションは幅広い意味合いを有することになる。例えば，新しい経営組織や新しい意思決定方法により効率性を高めることは，新技術に基づくコスト削減と同様に，投入と産出の関係を変化させる。したがって，イノベーションのための投資は，研究開発のみに限らない。また，生産現場での試行錯誤や経験の蓄積等の学習効果による効率性の向上も，投入と産出の関係を大きく変化させるという意味でイノベーションに相当するのである[10.2]。

10.3　イノベーションへのインセンティブ

新技術の導入にとって重要な役割を果たす誘因は，企業の利潤動機である。プロセス・イノベーションによる生産コストの低下も，プロダクト・イノベーションによる新製品の導入も，それを行う企業に利潤の増加をもたらす。技術革新による利益は，一般に市場の規模が大きいほど高くなるため，市場の拡大は技術革新を促す。

一方で，もし技術革新が他社の追随を許さないほどドラスチックであるならば，企業は独占利益を得ることができる。それは，技術革新がドラスチックであれば，独占価格を設定し，他の企業が市場に参入することのできない状態を作ることが可能となるからである。

逆に，技術の導入に遅れをとってしまった企業は，既存製品の需要の低下によって市場シェアと利潤の低下を経験する。独占的な企業がその地位を失う契機は，しばしば新技術の登場にある。このようにして，市場の競争は新技術の導入に成功した企業に強い報酬を与え，またそれに乗り遅れた企業を強く罰することによって，イノベーションの推進に強い力を与えることになる。

ここで，技術開発へのインセンティブを需要面から考えてみよう。研究開発に対するインセンティブは，第一に技術的成果の専有可能性（appropriability）の高さに依存する[10.2]。一般に，技術的成果の専有可能性は，ライバル企業に模倣されるまでの独占期間の長さ・知的財産権の強さ・ライセンシングの可能性，さらには技術を商業化する能力等によって決定される。このような専有可能性が高いほど，新製品や新技術により企業が得ることのできる利潤は大きくなるため，研究開発を行う誘因も高くなる。

第二に，競合する既存技術により，現時点で企業が獲得している利潤が小さいほど，研究開発への誘因が高い。まず，既存技術からの収益が高い企業と低い企業を比較すると，後者の方がドラスチックな技術革新への誘因が強くなる。例えば，ある市場で独占的な地位にある企業と新規参入企業が，現流品を完全に代替しうる画期的な新製品や新技術の開発を試みようとする場合，新規参入企業の方が技術開発への誘因は高くなる。こうした側面は，企業間の市場シェアの序列が逆転する現象（leapfrogging effect）の重要な要因となるのである。また，研究開発を1社のみが行う場合も，既存技術で独占的な市場を有している場合と，既存技術では利益が得られない場合を比較すると，後者の方が研究開発を積極的に行う誘因が大きい。

一方で，研究開発競争の性格が，技術または市場の先取り（preemption）を可能にするような「早い者勝ち」であればあるほど，研究開発への誘因は

高まる。また，技術の独占が不可能な場合でも，企業は大きな生産能力を早く構築することによって新技術を早く商業化し，市場を先取りすることができる。

技術の先取りでも市場の先取りでも，先行企業が高い利益を得るという見通しに立って，企業は研究の早期完了あるいは市場への技術の早期投入をめざした激しい競争を繰り返す。技術の先取り競争の場合，ある企業が期間当たりの研究開発支出を拡大すれば，（この企業と競争関係にある）他の企業にとって技術を先取りされる危険性が高まるため，これらの企業も速く技術開発に成功しようとして期間当たりの研究開発支出を増やすことになる。したがって，技術の先取り競争では企業の研究開発投資はしばしば戦略的な補完関係を有することになる[10.2]。

10.4 イノベーションと市場構造

イノベーションの問題を考える際に，供給要因も重要である。科学的な進歩あるいは産業での技術の進歩によって新しい技術機会が発生すれば，それを利用した産業の研究開発も活発になる。すなわち，知識ストックの増大が，産業の技術革新のシーズ（種）を与えるのである[10.3]。

一般に，研究開発の効率性が高まれば，研究開発への誘因も高くなる。研究開発の主たる担い手は人であり，研究開発の効率性は企業内の優れた研究開発人材の育成や，その経験の蓄積などに依存する。また，研究開発の効率性が先行研究に強く依存する場合，研究開発で先行した企業は時間の経過とともに，ますます研究開発の優位性を高めることにもなる。

一方で，市場への参入に要する固定費用として技術の取得費用（購入と開発費用の合計）も重要である。こうした費用を参入後の収益によって回収する見込みがあれば，企業は参入する。このような過程の結果として内生的に決まる市場構造は，技術の取得費用が大きければより集中的になる。なぜなら，こうした大きい参入費用を回収するためには，高い価格，あるいは低いコストが必要であり，そのためには市場が集中していなければならないか

らである。また，技術機会が豊富な産業では研究開発投資が高水準になるが故に，その基本的な因果関係は，技術機会 → 研究開発投資（技術の取得費用）→ 市場構造となる[10.3]。

10.5 イノベーションと企業の境界

　企業にとって，イノベーションのすべてが社内の資源だけで実現可能なわけではない。いかなる研究でも，その社会にこれまで蓄積されてきた科学的・基礎的な知識を全く利用しないということはあり得ない。そして，これらの多くは，大学を中心とした科学研究の成果として公表され共有されてきた知識である。また，他社で先行して発売された製品も自社の新製品開発にとって重要な手がかりを与える。

　リバース・エンジニアリングは，他社製品を分解し，その構成要素を学ぶことによって自社での開発への手がかりとすることを示しており，研究開発に広く実施されている技術知識の学習方法である。また，他社の製品を模倣することにより研究開発や製造の効率化を図ることもイノベーションにつながる[10.3]。これらはすべてスピルオーバーを意味する。企業は吸収能力を高め，このスピルオーバーからの便益を最大限活用することを怠ってはならない。ただし，スピルオーバーとは，原則として対価を支払うことなく他の発明やイノベーションから便益を得ることをいう。これに加え，企業は外部のイノベーション能力の活用に，対価を支払ってその成果を導入しようとする。これを社内研究と対比して外注研究と呼び，下記のようにいくつかの種類が存在する。

　まず，技術導入（ライセンスイン）についてであるが，これは他者が発明・開発した技術成果に対して対価を支払って導入することである。技術導出（ライセンスアウト）と区別するため，ライセンスインと呼ばれ他社・他者が持つ特許等の知的財産権の使用許諾を受けることもこれに含まれる。ただし，知的財産権が成立していないようなノウハウをライセンスインすることもある。ライセンスインの対価は，契約締結時に一括して支払われるもの

（アップフロント）と売上高に対する一定比率として支払われるもの（ロイヤルティ）の組み合わせになっていることが多い。

　上記のライセンスインが既に研究開発が終わって得られた成果に関して事後的に結ばれる契約であるのに対して，共同研究，委託研究，アウトソーシングは，研究開発が実施される前に，あるいはその途中で結ばれる契約である。こうした共同研究・委託研究とアウトソーシングを分けるポイントは，契約対象となる業務の定義可能性の大小である。

　ここでのアウトソーシングとは，定型的な研究開発関連業務の外注をいう。例えば，研究開発に用いる機器・試料・ソフトウエア・データベースなどの供給，試作の製造，実験の代行，データ整理などである。こうしたアウトソーシングは定型的な業務の外注であるため，受託者が行うべき業務内容を的確に契約書に記載することが比較的容易である。すなわち，業務の定義可能性が高い。

　これに対し，共同研究は当該企業と他機関（他社，大学，研究所等）が資金や人員を分担して共同で研究を行うことを，また委託研究は特定の研究テーマを他機関に委託し研究費を委託側が分担し，実際の研究は受託側で実施することをいう。これらの研究成果は，通常の場合，共同研究においては参加機関で共有し，委託研究では委託者のものとなる。いずれも，契約対象の研究開発が開始する以前に契約が結ばれる。

　研究開発には，二重の不確実性（技術的不確実性と経済的不確実性）が存在する。そのため，研究開発がどのように進展し，どのような時間と労力を必要とするか，どのような作業が必要になるかを契約時点で正確に予測して書きこむことは不可能である。すなわち，業務の定義可能性が低いのである。このように，業務の定義可能性が低いとき，契約相手の行動をいかに監視し不正行為を防止するか，またいかに契約相手の最大限の努力を引き出すかが大きな問題となる。

　一方，アウトソーシングやライセンスではこの問題が相対的に小さいとはいえ，皆無ではない。このように，契約にともなって発生するさまざまな費用を取引費用という。外注研究は，こうした取引費用が発生する点では，

社内研究より不利である。しかしながら，外注研究により，他社の持つ資産（実験装置，コンピュータなどの物的資産，特定の研究開発業務に精通する研究者などの人的資産）によって生み出される価値や研究成果などを活かし，自社の研究能力・研究成果と結びつけてイノベーション能力を高めることもできる。科学知識や研究機器・データベースが急速に発達し，また新しい科学・技術分野が拡がっている今日，こうした外部能力の活用はこれまで以上に企業のイノベーション戦略の要となりつつある。すなわち，研究開発のどこまでを社内で行い，どこからは社外で行うかという「企業の境界」の決定がイノベーションの重要な戦略として位置づけられている[10.3]。

10.6 新製品開発と技術革新の解

新製品開発や技術革新のプロセスが始動する契機については，市場ニーズの認識によるものであるとする「ディマンド・プル」（demand pull）の視座と，科学を基礎とする組織内部での技術進歩によるものとする「テクノロジー・プッシュ」（technology push）の視座が存在し，長い間，いずれの見解が正しいのかについての論争が繰り返されてきた[10.4]。しかしながら，田中[10.5]によれば，この2つの見解はいずれも革新に関して「目的の先与性」「首尾一貫性」「合理性」を前提としている点で類似しており，特に「目的の先与性」によって解決すべき問題があらかじめ設定されているという意味で，複雑で偶然な技術革新の過程を捉える際の限界があるとされる。すなわち，技術革新のプロセスにおいて，予め問題が設定されていることは少なく，いかにして論理必然的な「解」を探索するかよりも，いかにして解決すべき「問題を探索するか」が技術革新の主要な過程として認識されているのである。

このように，技術革新に代表されるような，組織におけるイノベーションの多くは偶然性に依存し，予め問題が認識されているとは限らず（目的の先与性を前提としていない），流動的な参加者の学習の過程で問題と解が何らかのタイミングで結びついたときに初めて認識される。これは，Cohenらの

「ゴミ箱モデル」[10.6]における loose coupling（問題と解の柔らかい結合）の考え方を意味する。

一方で，金子と山下[10.7]は，上記の「問題探索の重要性」および「問題と解の柔らかい結合」に注目し，ドラッカー[10.8]のいう「予期せぬ市場での成功」について考察している。これによれば，予期せぬ市場での成功には，当初は考えてもいなかった市場（問題）で考えてもいなかった製品やサービス（解）が結びついたことを，組織のメンバー（参加者）が認識する必要があるということになる。さらに，このことを認識したときに，当初の問題に固執せず，新たな問題に柔軟に対応すること，すなわち「業務プロセスの柔らかい結合」が必要であることを指摘している。

これは，ドラッカー[10.8]の指摘する「予期せぬ市場を侮辱でなく，機会として認識する」ことに相当する。そのためには，業務プロセスの柔らかい結合により，予期せぬ市場の存在を認識することができるように，あらかじめ自らを組織しておかなければならない。このように，「問題と解の柔らかい結合」をメンバーが注意深く認識し，「業務プロセスの柔らかい結合」により柔軟かつ迅速に対応することができる組織が，「柔らかい組織」（loosely coupled system）[10.9]なのである。すなわち，予期せぬ成功，そしてイノベーションは，柔らかい組織から導出されるのである。

〈参考文献〉

[10.1] 鄭年皓「情報共有・知識共有に基づく新製品開発組織に関する工業経営的研究」明治大学博士（商学）学位論文，2009年．
[10.2] 長岡貞男・平尾由紀子『産業組織の経済学』日本評論社，2008年．
[10.3] 小田切宏之『企業経済学』東洋経済新報社，2010年．
[10.4] 山下洋史・金子勝一『情報化時代の経営システム』東京経済情報出版，2001年．
[10.5] 田中政光『イノベーションと組織選択』東洋経済新報社，1990年．
[10.6] Cohen, M. D., March, J. D. and Olsen, J. P., "A Garbage Can Model of Organizational Choice," *Administrative Science Quarterly*, Vol. 17, No. 1, 1972.
[10.7] 金子勝一・山下洋史「予期せぬ成功と柔らかい結合」『日本経営システム学会　第23回全国研究発表大会講演論文』1999年，53-56ページ．
[10.8] Drucker, P. F., Innovation and Entrepreneurship, 1993.（上田惇生訳『[新訳]イノベーションと起業家精神（下）』ダイヤモンド社，1997年．
[10.9] 土谷茂久『柔らかい組織の経営』同文舘，1996年．

10章　新製品開発とイノベーション

［10.10］　丸山雅祥『経営の経済学』有斐閣，2005年。
［10.11］　明治大学経営品質科学研究所編『経営品質科学の研究』中央経済社，2011年。

11章
リエンジニアリング (BPR) とサプライチェーン・マネジメント (SCM)

11.1 BPRとは

　リエンジニアリング (reengineering, ビジネス・プロセス・リエンジニアリング；以下「BPR」と表すことにする) は、米国でMichel Hammerら[11.1]が提唱した経営管理手法であり、コスト、品質、サービス、スピードのような重大で現代的なパフォーマンス基準を劇的に改善するために、ビジネス・プロセスを根本的に考え直し、抜本的にそれをデザインすること[11.1]として定義される。したがって、これは経営思想の変革に基づく革新的な経営行動として位置づけることができる[11.2]。ただし、ここでいうビジネス・プロセスとは取引の発生から完了といった一連の業務の流れを指している[11.3]。

　BPRでは、顧客満足 (CS; Customer Satisfaction) を実現するため、現状のビジネス・プロセスにとらわれずに白紙の状態からビジネス・プロセスはどうあるべきかを考え、つくり直すところに特徴がある。この点で、日本の企業で広く行われている「改善」とは異なるのである。その際、情報ネットワークの整備・活用によって、従来のヒエラルキー型の組織を市場や技術の変化に素早く対応しうるネットワーク型に変え、CS (顧客満足) の実現をめざしている。

　BPRにおけるキーワードをあげると、ヒエラルキー型の組織から「フラットな組織」へ、トップ・ダウンから「権限委譲」へ、コントロールから「コーディネーション」へ、スタンド・アローンから「ネットワーク」へ、さらに「コンカレント・エンジニアリング」、「アウトソーシング」等となる[11.3]。これらのキーワードをみると、BPRは従来より論議されてきた「垂

11 章 リエンジニアリング (BPR) とサプライチェーン・マネジメント (SCM)

直的なヒエラルキー・コントロールと水平的なコーディネーションの比較」といった組織特性の問題に対する1つの解として位置づけることができる。

その際，グループウェアをはじめとした IT (Information Technology；情報技術) や ICT (Information & Communication Technology；情報通信技術) の活用が重要な役割を果たす。これにより，在庫情報や顧客情報を従業員が互いに共有し，組織の部門間の壁をうち破るのである。さらに，これらの共有化された情報を PC&LAN によって入手し，それを簡単に加工することができるようにすること (EUC：エンド・ユーザー・コンピューティング) で，業務のスピードを向上させることをめざしている。

このように，BPR における情報の共有化では，メインフレームによる集中管理よりも，PC, LAN, グループウェア等のダウンサイジングされた IT あるいは ICT の活用が中心となる。その目的は，ハードウェア・ソフトウェアにかけるコストをなるべく小さくすることにもあるが，むしろ分散型のフラットな組織構造に整合的であることの方が重要である。BPR における組織特性と情報の共有化の関係に関しては，次節で詳しく述べることにする。

11.2 リエンジニアリング (BPR) における情報の共有化

日本の組織には，JIT (Just In Time) システム (16 章を参照) に代表されるような水平的な作業コーディネーション[11.4]が広く浸透している。その意味から，垂直的なヒエラルキー・コントロールの拘束力は弱く，環境の変化やトラブルに柔軟かつ迅速に対応するような柔らかい組織 (loosely coupled system[11.5]) を形成している。これにより，局所的問題，特に緊急の問題に対して，従業員の参加によって集権的コントロールなしに，迅速に対応することを可能にしている[11.4]。

反対に，BPR がクローズアップされる以前の欧米の組織では，MRP (Materials Requirements Planning) システム (16 章を参照) に代表されるように，垂直的なヒエラルキー・コントロールの拘束力が強く，堅い組織 (tightly coupled system[11.5]) が一般的であった。そして，分権的な人事管理

による業務プロセスの局所最適化を垂直的なヒエラルキー・コントロールが補完していたということになる。

　一方，米国で提唱されたBPRは，従来の欧米における垂直的なヒエラルキー・コントロールを基盤とした組織特性ではなく，日本の組織特性に近い水平的なコーディネーションを基本とした，分権的でフラットな構造の組織（ネットワーク型組織）を志向している。すなわち，BPRは業務プロセスに関して水平的コーディネーション中心の分権的なネットワーク型の組織への変革を要求するのである。その際，分権的なネットワーク型の組織は，日本の場合と同様に局所最適化を防止するためのシステムを必要とする。

　青木[11.4]の双対原理によれば，日本の場合はこれを防止するシステムが集権的な人事管理にあったが，米国企業のBPRでは，情報ネットワークの積極的活用による「情報の共有化」がこれに相当する。すなわち，局所的な情報で意思決定をするのではなく，情報ネットワーク上で組織全体に共有された情報を基に意思決定を行うわけである[11.3]。

　これに関してトーマス・マローンは「従来のヒエラルキー構造の組織は情報不足の時代に作られたものであり，情報ネットワークが整備され組織全体に豊富な情報が行き渡れば，組織自体も個人を結んだネットワーク型に変えるべきである」としている[11.6]。

11.3　代替的双対モデル

　米国企業のBPRでは，分権的な業務プロセス（業務遂行面）による局所最適化をICT，特に情報ネットワークの活用による情報の共有化が防止しており，日本における「人事管理の集権性」を「情報の共有化」に置き換えた新たな相互補完の関係を指摘することができる。そこで，山下[11.3]は，青木の双対原理[11.4]における「人事管理の集権性」に，BPRにおける「情報の共有化」を代替的な特性として加え（表11.1），これを「代替的双対モデル」と呼んでいる。

　上記の相互補完において人事管理の集権性と情報の共有化が代替的であり

11章 リエンジニアリング（BPR）とサプライチェーン・マネジメント（SCM）

```
┌─────── 日本の組織特性 ───────┐
│ 環境の変化，トラブルに柔軟に対応 │   柔らかい組織 ← BPR
├──────────────────────────┤       ↑           ↓
│ 幅広い参加的学習，ジョブ・ローテーション │  局所最適化を防止←情報ネットワーク
├──────────────────────────┤
│ 長期的勤続傾向（終身雇用制）        │   人事管理の集権性
├──────────────────────────┤
│ ランク・ヒエラルキーによるインセンティブ制度 │
└──────────────────────────┘
```

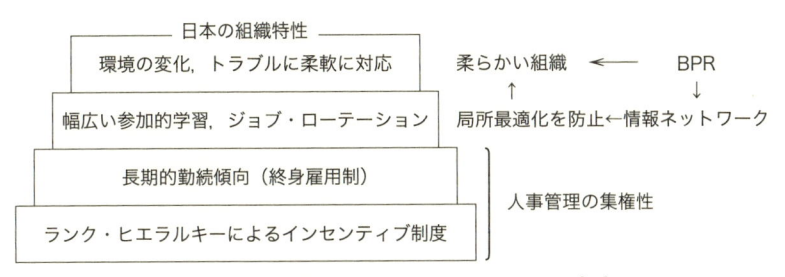

図11.1 局所最適化を防止するためのシステム[11.3]

表11.1 青木の双対原理[11.4]**と山下の代替的双対モデル**[11.3]

組織	分権的	局所最適化の防止		
日本	業務遂行面	人事管理面の集権性	青木の双対原理	山下の代替的双対モデル
欧米	人事管理面	情報システムの集権性 (業務遂行面の集権性)		
リエンジニアリング（BPR）	業務遂行面 人事管理面	情報ネットワークの活用による情報の共有化		

うることは，BPRに対する日本と米国のアプローチの違いを生じさせる要因となる[11.7]。すなわち，米国では業務プロセスの分権性による局所最適化の防止に情報ネットワークの活用は欠かせないが，日本では，従来より業務プロセスの分権性による局所最適化を人事管理の集権性が防止してきたため，情報ネットワークの整備・活用を必ずしも必要としない。次節では，ここで述べた「代替的双対モデル」に基づき，情報ネットワークの活用に対する日本と米国の意識の違いについて検討していくことにする。

11.4　情報技術の活用に対する日本とアメリカの意識の違い

米国でのBPRの特色は，情報ネットワークの徹底的な活用による業務プロセスの抜本的な改革にあるが，日本ではこれについての関心がやや低い。その理由として，中村[11.8]はMIS（Management Information System）やCIM

（Computer Integrated Manufacturing）での情報技術がコンセプトの域を出ることなく，その仕掛人（メインフレーマー）に踊らされた苦い経験を持つ企業が多いことをあげている。このような感情は，日本企業のBPRの特徴を捉える際に重要な視点となるが，本章ではそれだけの理由ではないものと考えることにしよう。その理由に関して，上で述べた代替的双対モデルが1つの示唆を与えてくれる。

　一般にBPRがめざすような，業務プロセスに関して分権的なネットワーク型の組織はそれぞれの部門にとっての局所最適に陥り易いといわれている。青木の双対原理[11.4]によれば，日本の組織において業務プロセスの分権性（ただし，青木はこれを「情報システムの分権性」として位置づけている）による局所最適の追求は，人事管理の集権性によって補完しうるということになる。さらに，このことが日本の「半水平的な作業コーディネーション」，「幅広い参加的学習」，「終身雇用制度」，「年功序列」等にも表れている。すなわち，従来より日本企業では，環境の変化やトラブルに柔軟かつ迅速に対応すべく水平的コーディネーションを中心にした，業務プロセスに関して分権的な組織を形成しており，その際の局所最適化を防止する方策（上記のキーワードによって表される人事管理の集権性）を有していたのである。

　このような方策を有していることは，日本の組織における水平的コーディネーションの際に，情報ネットワークの整備・活用が必須条件ではないことを意味する。それと同時に，分権的な組織にすること自体がドラスティックな変革にはならないのである。

　このように考えていくと，米国でのBPRにおいて最も重要で抜本的な変革といわれている「フラットなネットワーク型組織」が日本においては「抜本的な変革」に相当しない，また，その際に情報ネットワークの整備・活用が必須でないことと結びついてくる。すなわち，日本の組織は情報ネットワークの整備・活用と代替的な固有の特性（人事管理の集権性）を従来より有しているため，これに対する関心が相対的に低くなっているものと考えられるのである。

ただし，日本の組織における業務プロセスの分権性は，垂直構造の形式的内部組織構造の上に成立しているという意味で「半水平的」[11.3], [11.4]であり，BPRがめざすフラットなネットワーク型組織とはその完成度においてギャップがある。したがって，日本の組織においても，より柔軟性の高いネットワーク型の組織にするためには，情報技術・情報ネットワークの整備と活用が，今後その重要性を急速に増していくであろう。

11.5 SCMとは

BPRは，ここまで述べてきたように，個別企業内での業務プロセスの全体最適化をめざしているが，企業活動のグローバル化の進展とともに，企業の競争の舞台は，企業対企業から企業群対企業群の競争に拡大している。そこで，供給連鎖全体の最適性を追求するサプライチェーン・マネジメント(SCM; Supply Chain Management)が注目されるようになった。SCMとは，「不確定性の高い市場変化にサプライチェーン全体をアジル（機敏；迅速＋柔軟）に対応させ，ダイナミックに最適化を図ること」として定義される[11.11]。ここで，サプライチェーンとは，企業における「供給連鎖」を意味しており，企業活動の開発，生産・製造，販売，物流等の一連の流れを指している。SCMでは，これまで部門ごとの最適化，企業ごとの最適化にとどまっていた情報，物流，キャッシュに関わる業務の流れを，サプライチェーン全体の視点から見直し，ICTの活用による「情報の共有化」と全体最適化のための「ビジネス・プロセスの改善・改革」を進めることにより，サプライチェーン全体のキャッシュフローの効率を向上させようということになる。これにより，必要なモノやサービスをタイムリーに顧客へと提供し，顧客の満足度を高める（CS）とともに，無駄な在庫を作らないようにするのである。

BPRとSCMは，ICTの活用による情報共有とビジネス・プロセスの改善・改革を行うという共通点があるが，BPRが「個別企業」の，SCMが「サプライチェーン全体」の，それぞれアジリティと最適化を図る点に，両者の大

きな違いがある[11.12]。

11.6　SCM における制約理論とボトルネック

　SCM では，制約理論（Theory of Constraints；以下，「TOC」）に基づいた全体最適化を重視している。TOC とは，サプライチェーンをシステムとして捉え，「システムの目的（ゴール）達成を阻害する制約条件を見つけ，それを活用・強化するための理論」である[11.12]。これにより，市場の変化への迅速な対応，同期化した対応を可能にし，市場競争力を高めるのである。
　ここで，目的達成を阻害する制約条件は「ボトルネック」を意味する。サプライチェーン全体のパフォーマンスを決定づける条件は，最も生産能力の高い工程やサプライチェーン全体の平均ではなく，多くの場合ボトルネック（例えば最も生産能力の低い工程）にある。
　従来は，各工程が別個に生産性を向上させるための改善を行ってきたが，ボトルネックをそのままにして他の工程をいくら改善しても仕掛在庫を増加させるだけで，全体の生産能力向上には結びつかない。それだけでなく，交通渋滞と同様に，かえって仕掛在庫がスムーズな生産の達成を妨害してしまうことも多い。そこで，SCM ではサプライチェーン全体の目的（ゴール）達成を阻害する制約条件（ボトルネック）を見つけ，その部分に全体を合わせ込むと同時に，その部分を改善していくことにより，サプライチェーン全体を同期化させながら最適化をめざすのである。
　ここで注意すべきことは，SCM では全体最適化をめざすために集権的なコントロールを強化して，各工程や各部門の主体的な改善を否定しようとするものではないという点である。SCM において，全体最適化のための改善の源泉は，人間の知的・創造的活動にある。そのため，「個の自律性の尊重」を基本的なスタンスとしている。個の自律性を尊重しながら全体最適化をめざすためには，サプライチェーン全体に共有された目的・価値に基づく的確な水平的コーディネーションが要求される。それは，「野放し」の個の自律性の尊重では局所最適化をもたらす危険性が高くなってしまうからであ

11章 リエンジニアリング（BPR）とサプライチェーン・マネジメント（SCM）

る[11.7]。

11.7 SCMチーム

SCMでは，部門や企業の壁を越えた調整（水平的コーディネーション）と意思決定が必要となるため，サプライチェーン全体の最適化に関するマネジメントを行う「SCMチーム」がしばしば編成される。これは，SCMにおいてプロジェクト型の対応を図ろうとすることを意味する。このプロジェクト型のチームがSCMの企画を行うのであるが，各部門・各企業を決してコントロールしようとするわけではない。業務プロセスにおける各部門・各企業の自律的対応はSCMにおいても基本であり（個の自律性の尊重），SCMチームが行うのは全体最適化のための仕組み作りである[11.12]。

そのためには，SCMチーム内およびサプライチェーン全体の両面での「情報の共有化」が必要である。なぜなら，集権的コントロールに基づく全体最適の追求であれば，各部門・各企業はセンターが作成した計画通りに実行さえすればそれで良いのであるが，個の自律性を尊重したSCMでは，情報の共有化により意思決定の基盤をそろえておくことが求められるからである。

SCMチームにおいても，サプライチェーン全体においても，情報の共有化を進めるためには，部門間や企業間の空間的制約の克服が必要である。さらに，稼働日あるいは稼動時間帯が異なる場合には，時間的制約の克服がこれに付加される。そこで，SCMではICT，特に情報ネットワークの活用が重視される。BPRと同様に，情報ネットワーク上で共有された情報を基に意思決定を行うわけである。これにより，エンパワーメントを基礎とした各メンバー・各部門・各企業の自律的対応をサポートすると同時に，その際の部分最適化（局所最適化）を防止して全体最適へと導くのである。

11.8 Global e-SCMの概念

企業活動における「グローバル化」と「情報化」の進展はめざましく，

SCMにおいてもこれらに対する対応は急務となっている。そこで，SCMは下記のような2つのアプローチにより，こうしたグローバル化と情報化に対応しようとしている。

　1つはグローバル化の流れを組み込んだ Global SCM というアプローチである。この Global SCM は国内における従来型 SCM のめざす全体最適化を局所最適化（local optimization）として捉え，これを地球規模での全体最適化（global optimization）へと拡張させようとするものである。

　もう1つはインターネットに代表される情報ネットワークの進展といった情報化の流れを SCM に組み込むことにより，従来型の B to B（Business to Business）中心の SCM に B to C（Business to Consumer）の情報を取り込む e-SCM のアプローチである[11.12]。従来型の SCM は，開発・生産・物流といった B to B を中心としていた。一方で，e ビジネスの成長とともに，B to C での市場（消費者）との情報共有が急速に進展している。しかしながら，B to B と B to C での情報が十分に共有されてきたとはいえない。そこで，e-SCM は，B to B 中心の SCM に，e-Business における B to C を取り込むことにより，サプライチェーンの範囲を B to B&C へと拡張させるのである。

　前述のように，グローバル化と情報化の流れは互いに独立した存在ではなく，相互依存の関係にある。なぜなら，企業活動のグローバル化により時間的・空間的制約が増大し，それを情報化の流れのなかで IT，ICT が克服するという関係が生まれているからである。これにより，グローバル化の進展が情報化を推し進め，それによる時間的・空間的制約の克服がグローバル化を進展させるという相互に強化し合う関係が形成されるのである。

　こうした Global SCM と e-SCM の2つの SCM の概念に対して，松丸・山下ら[11.9]は，両者のシナジー（時間的・空間的制約の克服）をキー・コンセプトとした Global e-SCM の概念を提示している。この Global e-SCM は，グローバル化の流れによる Global SCM と情報化の流れによる e-SCM のシナジーを追求するために，両者を統合しようとするマネジメント・コンセプトとして位置づけることができる。

　Global e-SCM の特徴は，グローバル化と情報化を基軸として，SCM の空

11 章　リエンジニアリング（BPR）とサプライチェーン・マネジメント（SCM）

間を拡張するところにある．これにより，Global SCM と e-SCM のシナジーが，グローバルなサプライチェーンの中に反映されると同時に，CS の観点からも市場の動向がストレートに反映されるようになるのである．その際に，時間的・空間的制約の克服という意味で，情報ネットワークを中心とした ICT の活用による情報の共有化が，これまでの SCM 以上に重要な役割を果たすことになる[11.10]．

〈参考文献〉

[11.1]　Hammer, M. and Champy, J., 野中郁次郎監訳『リエンジニアリング革命』日本経済新聞社, 1992 年．
[11.2]　西川智登「Reengineering と Systems engineering の方法論の比較」『日本経営システム学会春季大会予稿集』1994 年, 10-13 ページ．
[11.3]　山下洋史『人的資源管理の理論と実際』東京経済情報出版, 1996 年．
[11.4]　青木昌彦『日本企業の組織と情報』東洋経済新報社, 1989 年．
[11.5]　土谷茂久「柔らかい組織の戦略学習」寺本義也他著『学習する組織』同文舘, 1993 年．
[11.6]　『日経ストラテジー』1994 年 1 月号, 1994 年, 67 ページ．
[11.7]　山下洋史「日本の組織特性とリエンジニアリング」『日本経営システム学会誌』Vol. 14, No. 1, 1997 年, 43-48 ページ．
[11.8]　中村明徳「物流におけるリエンジニアリングへのアプローチ」『日本経営工学会第 39 回定例セミナー資料』1994 年．
[11.9]　松丸正延・山下洋史・金子勝一・林誠・上原衛「Global e-SCM の概念」『第 27 回日本経営システム学会講演論文集』2001 年, 39-42 ページ．
[11.10]　山下洋史「e-SCM における顧客満足（CS）フレームワーク」『第 27 回日本経営システム学会講演論文集』2001 年, 43-46 ページ．
[11.11]　藤野直明「サプライチェーン　その本質と企業戦略」ダイヤモンド・ハーバード・ビジネス編集部編『サプライチェーン　理論と戦略』ダイヤモンド社, 1998 年．
[11.12]　山下洋史・諸上茂登・村田潔『グローバル SCM』有斐閣, 2003 年．

12章
M&A と WWW アライアンス

12.1　グローバル化と情報化の進展による競争・協調関係

　グローバル化と情報化の急速な進展（**9章**を参照）は，企業を取り巻く環境の不確実性を高めている．多くの企業が，こうした企業環境の高い不確実性に対抗すべく，かつ市場競争力を強化すべく，限りある3M+I（Man, Material, Money+Information）の有効活用を図ろうとしている．

　こうしたグローバル化と情報化は，互いに独立に進展しているのではなく，グローバル化の進展により増大した時間的・空間的制約を情報化が克服し，情報化の進展によりグローバル化が促進するという，相互依存の関係にある．すなわち，一方でグローバル化の進展にとって情報化は不可欠な存在であり，その一方で情報化の進展にとってもグローバル化はその原動力となるのである．

　このような環境のもとで，企業は従来のような自前主義（例えば内部開発）の経営戦略のみならず，外部資源の活用を基軸にした経営戦略を展開するようになっている．こうした外部資源を活用するための代表的な経営手法が，本章で述べるM&A（Mergers & Acquisitions；合併・買収）と提携（Alliance）であろう．

12.2　M&A（合併と買収）とは

　企業の外部資源を活用するための経営手法の1つにM&Aがある．M&AのMとAは，それぞれ企業の合併（Merger）と買収（Acquisition）を意味する．M&Aの目的は，自社にない経営資源の獲得による経営の多角化や，

企業規模の拡大による「規模の経済性」の発揮などにある。M&Aには，被買収企業の合意を得た友好的なM&Aと，合意を得ない敵対的M&Aとがある。こうしたM&A（特に，敵対的なM&A）は多くの場合，被買収企業との間の合意に時間がかかり，かつ経営資源の投入も大きくなる。M&Aは，提携との比較において「堅い結合」になるところに特徴がある。

12.3 提携とは

　前述のような企業活動のグローバル化と情報化の急速な進展のなかで，迅速な意思決定とスピード経営を実行するために注目されている経営手法の1つに提携（Alliance）がある。提携とは，自社の経営資源や経営能力において弱い部分を他社の経営資源や経営能力を活用し，補完することである。その結果，両社の強みと弱みを補完し合うことになる。

　一方，前節で述べた合併が組織間の「堅い結合」（tight coupling）として位置づけられるのに対して，提携は環境の変化に対して柔軟に対応することが可能な「柔らかい結合」（loose coupling）[12.1]を生み出す点に特徴がある。このような柔らかい結合により，自社に不足している経営資源を他社の経営資源を活用して補うことを可能にする。すなわち，そのときの状況によって，提携を結んだり，それを解消したりすることが容易であり，かつ複数の提携を同時に形成することが可能なのである。さらに，提携を結んだ企業との間で協調と，従来からの競争とが，しばしば並存する。

　これまでは，大企業を中心に，販売，製造，技術開発，研究開発等をすべて「自前」で行おうとする企業も多かったが，グローバル化や情報化の進展による環境変化に対してスピーディーに対応するためには，提携による他社との協調を進めることが必要となっているのである。

12.4　戦略的提携と提携の国際化

(1)　戦略的提携

近年，「戦略的提携」(Strategic Alliance) が大きくクローズアップされている。これは，提携という形式を戦略という内容で捉えた経営戦略であり，他の選択肢，例えば，内部開発，M&A，市場での取引等のメリットをなるべく保持するようにしながら，同時にそれらのデメリットを回避することをねらいとしている。この戦略的提携には，「競争と協調の併存」といった特徴がある。戦略的提携では，市場の激しい競争環境の中で競争優位を確立すべく協調行動をとるが，その一方で潜在的なライバルであるパートナー企業との間で，コア技術やノウハウの学習・防御をめぐって激しい競争が行われるのである。

(2)　提携のグローバル化

提携のグローバル化は，国内の提携に比較して海外とのコミュニケーションには制約が多いのであるが，それにもかかわらず，なぜ提携のグローバル化が進展しているのであろうか？　この理由として，山下[12.2]は，次の3つの要因を指摘している。

① 国内の提携に比較して市場での競合の可能性が低い
② 国内の企業は似たような特性を持っていることが多いため，自社にない技術，資源，市場は外国にある可能性が高い
③ ICT，特に情報ネットワークの発達により国際間でのコミュニケーションが容易になった

①については「競争と協調の併存」の文脈から必然的に浮かび上がる要因である。提携は，M&Aとは異なり，パートナーとなる企業が同業種であることが多いため，そこには協調のみならず競争が生じる。このように，提携において協調のみならず競争が存在することは，経営戦略の自由度を高める効果を発揮する。しかしながら，パートナーとの間のあまりに激しい競争

は，提携における協調の関係を損なう危険性を内包している．そこで，こうしたコンフリクトを回避するためには，可能な限り市場での競合が少ない企業との提携が望ましい．そうであるとすれば，市場での競合の可能性が国内の企業に比較して低い，海外の企業との提携が多くなることは自然な流れなのである．

②については，それぞれの国には産業や技術の特徴があるため，提携の相手が国内の企業であれば，自社と同様の強み・弱みを持つことが多いという要因である．したがって，提携により両者の強みと弱みを補完し合うのであれば，それに適した企業は海外に存在する可能性が高いのである．しかしながら，国際的な提携は時間的・空間的制約が大きいため，従来は密なコミュニケーションが難しいという問題点があった．そこで，③の要因が浮上するのである．

③の要因は，近年の情報化の進展という面で最も特徴的な要因であり，提携の国際化によって増大する時間的・空間的制約をICTの活用によって克服することを意味する．その際，インターネットを中心とした情報ネットワークが重要な役割を果たすことになるが，これに関しては下記のような「WWWアライアンス」という新たな視点からのアプローチを考えることができる．

12.5　WWWアライアンス

提携の有する柔軟性（柔らかい結合）とそのグローバル化により，多くの企業が他の多くの企業を相手として，蜘蛛の巣のような地球規模での提携のネットワークを構築している．山下[12.2]は，このようにWorld Wideに広がった提携のネットワークを「WWW（World Wide Web）アライアンス」と呼んでいる．ただし，ここでいうWorld Wide Webは単純に「世界的に広がった蜘蛛の巣」を意味し，インターネットを基盤とするWWWとは異なることに注意を要する．それぞれの企業が多くの企業と提携を結ぶことで，提携というネットワークが世界的に，かつ蜘蛛の巣状に張りめぐらされるのであ

る．

　本章の **1節**でも述べたように，グローバル化と情報化との間には相互依存の関係が存在する．この関係をふまえると，WWWアライアンスの流れの中で増大する時間的・空間的制約をICT面でのWWWが相対的に小さいものにするという関係があることがわかる．こうした関係から，ICT面でのWWWとは独立した概念として捉えていたWWWアライアンスが，実はICT面でのWWWの恩恵を受けていることになる．もちろん，ここでWWWアライアンスの時間的・空間的制約を克服する際のICTは，何もWWWのみに限定されるものではないが，World Wideにパートナーとなるべき他社の情報を収集する際にWWWは威力を発揮するのである．また，M&Aとは異なり，提携が「高い柔軟性」や「個の自律性」を持つという面においても，自律分散型情報ネットワークとしてのWWWの特性はWWWアライアンスに適合している．このような意味で，WWWはWWWアライアンスを支えるICTの中心的存在なのである．

12.6　WWWアライアンスとGlobal e-SCMとの関係

　ここでは，WWWアライアンスと前章（11章）のGlobal e-SCMという2つのマネジメント・コンセプトについて，両者の類似点と相違点，およびそれらの関係を整理することにしよう．

　WWWアライアンスとGlobal e-SCMは，「柔軟性」という点において非常に近い関係にある．しかしながら，両者の間にはこうした類似点のみならず相違点も存在するため，これらを整理すると下記のようになる．

〈類似点〉
① 国際化と情報化の流れの中に位置づけられる特性
② 情報ネットワークを中心としたICTの活用による情報共有化
③ 「柔軟性」と「個の自律性の尊重」

〈相違点〉
① ネットワーク型（WWWアライアンス）vs. チェーン型（Global

12章　M&AとWWWアライアンス

e-SCM）という性格
② 協調と競争の共存（WWWアライアンス）vs. 協調のみ（Global e-SCM）という性格

このように両者とも，現在の国際化と情報化の相互依存性の中で成立しており，国際的・多面的な柔軟性を基軸としたマネジメント・コンセプトであることがわかる。しかしながら，企業間のつながりが，ネットワークとチェーンという異なる性格を有しており，この点に両者の大きな違いが存在する。また，WWWアライアンスでは協調と競争の共存が成立しうるのに対して，Global e-SCMでは協調のみが成立し，この点に関してのみGlobal e-SCMが合併に近い関係にあるという特徴を指摘することができるのである。

〈参考文献〉

[12.1]　Cohen, M. D., March, J. G. and Olsen, J. P., "A Garbage Can Model of Organizational Choice," *Administrative Science Quarterly*, Vol. 17, No. 1, 1972, pp. 1-25.
[12.2]　山下洋史「WWWアライアンスに関する研究」『第28回日本経営システム学会講演論文集』2002年，67-70ページ。
[12.3]　山下洋史・金子勝一『情報化時代の経営システム』東京経済情報出版，2001年。
[12.4]　桑島健一「戦略的提携」高橋伸夫編『超組織・企業論』有斐閣，2000年。
[12.5]　金子勝一・山下洋史「日本企業におけるマルチ・ドメスティック戦略に関する研究」『日本経営システム学会誌』Vol. 15, No. 1, 1998年，37-42ページ。

第3部：
バランシングの生産システム

13章
少品種多量生産と多品種少量生産

13.1　生産形態の基本的な分類

　一般に，生産形態（または，生産方式）は，さまざまな側面から分類される。ここでいうさまざまな側面とは，顧客との関係，品種，生産量，生産の連続性等を意味する。生産システムの重点は生産形態によって異なるため，生産システム全般を理解していく際には，まず生産形態の分類を把握することが重要である。本章では，特に大量生産・大量販売やマス・カスタム化のように，商学・経営学に関連性が深い少品種多量生産と多品種少量生産を，他の生産形態と対応させながら概説していくことにする。

　基本的に生産形態は図13.1のように分類することができるが，これはあくまでも相対的な基準によるものであり，それぞれの生産形態は互いに密接な関係を有する場合が多い。これらの関係を，山下[13.1]，[13.2] および圓川[13.3]に基づき，次節以降で整理していくことにする。

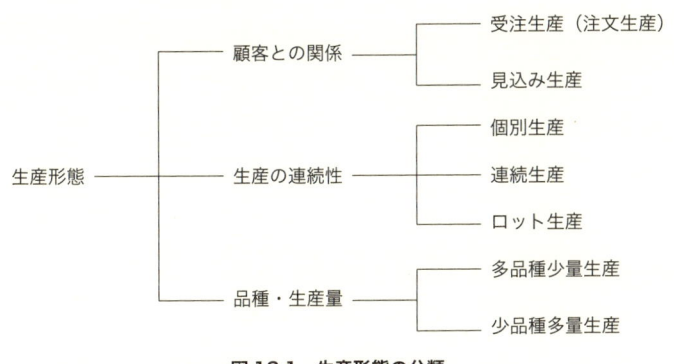

```
                         ┌── 受注生産（注文生産）
            ┌─ 顧客との関係 ─┤
            │             └── 見込み生産
            │
            │             ┌── 個別生産
生産形態 ─────┼─ 生産の連続性 ─┼── 連続生産
            │             └── ロット生産
            │
            │             ┌── 多品種少量生産
            └─ 品種・生産量 ─┤
                          └── 少品種多量生産
```

図13.1　生産形態の分類

13.2 受注生産(注文生産)と見込み生産

例えば,オーダメードの洋服,大型の船舶,工作機械等については,顧客が製品の仕様や生産量,さらには価格を自ら確定する。こうした生産は顧客の受注に基づいて行われるため,この生産形態を一般に受注生産(あるいは注文生産)と呼ぶ。したがって,受注生産(job order production)は,基本的に在庫を持たなくて済むが,製品の仕様が顧客によって異なるため,生産のリードタイムが長くなってしまい,製造原価が高くなりやすい。

さらに,既に決定している生産計画に新規受注を割り込まざるを得ないことが多く,その分だけ生産計画が頻繁に変更され,納期管理も煩わしくなってしまう。したがって,こうした短所を克服するために,部品を共用化して見込み生産を行うことにより,リードタイムの短縮と製造原価の低減を図ることも多い。

しかしながら,これは不要在庫を持ってしまう危険性を生じさせることに

表 13.1 受注生産と見込み生産の比較表 [13.1]

項目	受注生産	見込み生産
製品の仕様	顧客主導で決定	生産者主導で決定
製品の種類	多い(一品一様)	少ない
一品種の生産数量	少ない,バラツキが大きい	多い
納期	顧客主導で決定	生産者主導で決定
リードタイム	長い(部品を共用化して見込み生産をすることにより対応)	製品の仕様が予め決められるため,短い
生産計画	受注が決定してから作成	受注前に生産者が作成
平準化	難しい	行いやすい
製品在庫	少ない(基本的にはゼロ)	多い,顧客の受注に在庫で対応
部品在庫	受注してから部品を生産する場合は少ないが,部品を見込み生産する場合は多い	製品の生産計画に基づいて部品を生産する場合は少ないが,部品を独自に生産する場合は多い
関連の深い他の分類による生産形態	多種少量生産 個別生産	少種多量生産 連続生産,ロット生産

なり，基本的に在庫を持たないという受注生産における最大の長所を放棄することになってしまう。また，顧客からの受注量に変動が大きく，かつ予測が困難なため，生産の平準化を行うことが難しい。こうした受注生産は，基本的に顧客ごとの受注に対応するという点で，後述の「多品種少量生産」の形態につながる。

一方で，乗用車，PC，携帯電話，家庭用電気製品等のように規格化された製品は，市場の動向を基に製品の企画と設計が行われる。そのため，製品の設計・生産プロセスでは不特定多数の顧客を想定し，生産計画は予想販売量（需要予測）に基づいて立案される。したがって，生産者が製品の仕様や生産量，さらには価格を確定することになる。一般に，こうした生産形態は見込み生産と呼ばれる。これは，後述の「少品種多量生産」に適した生産形態であり，生産効率の良い連続生産が可能となる。

見込み生産は，需要予測を立ててから実際の生産が行われるため，出荷までにタイムラグが生じるとともに，予測時点の需要量と実際の需要量との間に乖離が生じやすい。そのため，生産計画を段階的に調整しながら（長期計画，大日程計画，中日程計画，小日程計画，14章を参照），出荷時点の需要量に最も適合した生産を実現することが重要である。すなわち，階層別生産計画のバランスを実現し，需要予測の精度を向上させることが，ここでの課題となるのである。当然のことながら，需要予測の精度が低ければ，多量の在庫を抱えることになってしまい，仕様変更や需要（または市場）の急激な変動に対する柔軟な対応が難しい点に，こうした見込み生産の大きな問題がある。

13.3 個別生産，連続生産とロット生産

生産形態を同一品種の生産における連続性の側面から捉えると，個別生産，ロット生産，連続生産に分類することができる。

「多品種少量生産」の形態をとる場合，製品別の専用工程にすることは好ましくなく，同一工程（または，いくつかの少数の工程）で多様な製品の

生産が可能になるように，汎用性の高い生産工程を構築することが求められる。究極的には，個々の受注に対して柔軟に対応しうる能力が必要となるのである。こうした生産形態は個別生産（indent production）と呼ばれ，受注生産と多品種少量生産はこの個別生産の形態をとる場合が多い。しかしながら，同一工程で多様な製品を生産するため，多能工の作業者の配置が前提となり，かつ生産計画，リードタイム，生産手順，モノの流し方等，生産システム全般の複雑性が増大してしまう。その結果，品質不良，原価高，納期遅延等，QCD（Quality, Cost, Delivery）の問題が生じやすい。また，段取り替えが頻繁に行われるため，スケジューリング問題も複雑化する。

これに対して，特定の製品（品種）を生産するために，専用の工程を設計・配置し連続的に生産する形態を連続生産（continuous production）という。多くの組立型産業（例えば，自動車産業）やプロセス型産業（例えば，石油化学産業）においては，この連続生産が一般的であり，ライン生産とも

表13.2　個別生産，連続生産とロット生産の比較表 [13.1]

項目	個別生産	連続生産	ロット生産
製品の仕様	顧客主導で決定	生産者主導で決定	生産者主導で決定
一品種の生産数量	少ない多い	多い	中量
納期	顧客主導で決定	生産者主導で決定	生産者主導で決定
要員，設備，機械	過不足が生じやすい	過不足は少ない	過不足が生じやすい
生産計画	受注してから作成 複雑になりやすい	受注前に作成 シンプル	受注前に作成 複雑になりやすい
作業指導	多い	少ない	中程度
作業者の習熟	難しい	容易	比較的容易
品質検査	全数検査	一般に抜取り検査	一般に抜取り検査
在庫	少ない；基本的に0	多い	欠品， 過多が生じやすい
原価	高くなりやすい	低く抑えやすい	中程度
資材の流れ	不定	一定，一方向	一定，一方向
段取り替えの頻度	多い	少ない	中程度
関連の深い他の分類による生産形態	受注生産 多品種少量生産	見込み生産 少品種多量生産	見込み生産 多品種少量生産

呼ばれる。連続生産を行おうとする際，生産順序に従って生産ライン（装置，機械，作業者等）を配置するため，資材や部品の流れは一方向に一定速度で進む。また，概ね連続生産は「少品種多量生産」と見込み生産に対応しており，製品に合わせ込むような生産工程を構築することになる。個別生産が段取り替えを頻繁に行うのに対して，連続生産は段取り替えを極力行わないようにした生産形態である。しかしながら，専用の工程を通して特定製品の生産を繰り返すため，生産効率は工程設計の良否によって大きく左右される。さらに，生産が連続しているため，設計変更・計画変更に対応しにくい。そこで，バランスのとれた生産工程の順序立てが求められるのである。

ロット生産（lot production，あるいはバッチ生産）は，個別生産と連続生産の中間的な性質を有する生産形態である。すなわち，特定の品種については中量のロット（段取り替え1回当たりの生産量）にまとめ，これを汎用性の高い工程で断続的に生産する形態である。当然のことながら，汎用工程での段取り替え作業は1ロットにつき1回ですむが，需要の連続性に対してロット単位での断続的な生産で対応するため，欠品や在庫が多くなりやすい。したがって，生産計画，特にラインバランシング（line balancing）やロットスケジューリング（lot scheduling）の良否が，これらの事態に陥るか否かを左右することになる。

13.4　多品種少量生産と少品種多量生産

生産形態を，品種の数および1つの品種当りの生産数の側面から捉えた場合，多品種少量生産と少品種多量生産とに分類することができる。

多品種少量生産は，同一の生産設備や機械で仕様の異なる多種類の品種を少量ずつ生産する形態のことをいう。その際，生産工程は，段取り替えを行うことによって，多種の品種を生産することができるように汎用化される。また，受注生産の場合は，多品種少量生産となりやすい。

多品種少量生産では，ジョブ（製品や加工）の種類が多いため，数量・納期・リードタイム・手順が多様であり，生産計画やモノの流し方が複雑にな

る。また，需要が多岐にわたり，かつ頻繁に変動するため，人員・設備・機械に過不足が生じやすい。また，生産工程の各段階での所要時間が製品ごとに異なるため，円滑な生産の流れを実現しにくい。すなわち，各工程において，待機中の部品や進行中のサービスが多くなってしまうというデメリットが生じるのである。こうしたことは，生産の平準化が容易でないことを意味する。

また，1つの品種の生産量が少量であるため，作業者の習熟が難しく，品質不良・原価高・納期遅延等，QCDに問題が生じやすい。そこで，原材料や部品の共用化によって，これらの問題点を解消しようとする試みが見られるが，これにより仕掛在庫が多くなってしまうという別の問題も発生する。

このように，多品種少量生産は，量産効果（規模の経済）を期待しにくいものの，需要の変化に弾力的に対応しうる生産形態である。また，付加価値の高い製品の生産に適するという点で，少なくとも工業先進国における基本的な生産形態となっている。

一方で，少品種多量生産は，1つの品種の生産数が多く，全体としての品種が少ない生産形態である。もし，こうした生産が可能であれば，生産効率を大幅に向上させることができる。また，組立型の機械工業的な連続生産や，装置産業型の連続生産に適する生産形態である。

少品種多量生産は，製品ごとの専用設備が導入される場合が多い。こうした専用設備の導入には慎重な意思決定が求められ，導入後には専用設備のメインテナンス管理に多くの手間がかかる。また，連続生産を実現すべく，生産ラインが自動化される傾向がある。そのため，未熟練や半熟練の従業員でも作業が比較的スムーズにでき，多品種少量生産では難しい定型的な生産管理が可能になる。しかしながら，多様な需要への対応が困難であり，その上で消費者の個性化・多様化，新製品開発競争の激化等にともない，市場がこうした生産形態を許さなくなりつつある。

最近では，両者（多品種少量生産と少品種多量生産）の短所を克服し長所を活かすべく，FMS（Flexible Manufacturing System）やGT（Group Technology）が多角的に検討されるとともに，マス・カスタマイゼーション

13章　少品種多量生産と多品種少量生産

（mass-customization）が幅広く企業に浸透しつつある。

表 13.3　多品種少量生産と少品種多量生産の比較表 [13.1]

項目	多品種少量生産	少品種多量生産
製品の種類	多い	少ない
一品種の生産数量	少ない	多い
需要の変動	大きい	小さい
要員，設備，機械	過不足が生じやすい	過不足が生じにくい
生産計画	複雑になりやすい 手間がかかる	たてやすい 手間がかからない
平準化	難しい	行いやすい
作業者の習熟	難しい	容易
部品の種類	多くなりやすい（部品の共用化，グループ・テクノロジーにより対応）	少ない
在庫	少ない	多くなりやすい
原価	高くなりやすい	低く抑えやすい
関連の深い他の分類による生産形態	受注生産，個別生産，ロットサイズの小さいロット生産	見込み生産，連続生産，ロットサイズの大きいロット生産

〈参考文献〉

[13.1]　山下洋史・金子勝一『情報化時代の経営システム』東京経済情報出版，2001年．
[13.2]　明治大学経営品質科学研究所編『経営品質科学の研究』中央経済社，2011年．
[13.3]　圓川隆夫，伊藤謙治『生産マネジメントの手法』朝倉書店，1996年．
[13.4]　圓川隆夫，宮川雅巳『SQC理論と実際』朝倉書店，1992年．
[13.5]　黒田充・田部勉・圓川隆夫・中根甚一郎編『生産管理』朝倉書店，1989年．
[13.6]　黒田充・村松健児編『生産スケジューリング』朝倉書店，2002年．
[13.7]　Pine, B. J., *Mass Customization*, Harvard Business Press, 1992.

14章
需要予測と生産計画

14.1 需給マネジメントにおける需要予測と生産計画

　市場の激しい変化に直面する製造業における大きな課題の1つは，需要の変動に対し販売機会を逃すことなく，低コストでの生産・供給を可能にすることであろう。そのためには，需要と供給との対応をコラボラティブに（協働して）管理するタイムリーな「需給マネジメント」[14.1]が求められる。こうした需給マネジメントが対象とするビジネス・プロセス（需給プロセス）には，図14.1のように，市場のニーズ・情報に基づいた計画プロセス（需要予測，生産計画）と，その計画プロセスをふまえてヒト，カネを効率的に投入し，モノを生産・供給する実施プロセス（調達，生産，供給）がある。

　本章では，上記のプロセスのうち，とりわけ計画プロセスに焦点を当て，前述の課題解決のための鍵を握る，①変動する需要をいかに精度高く予測するか，②それをふまえて，いかに生産を平準化し，少ない在庫で販売機会を逃さないような生産計画を立案するか，について検討していくことにする。

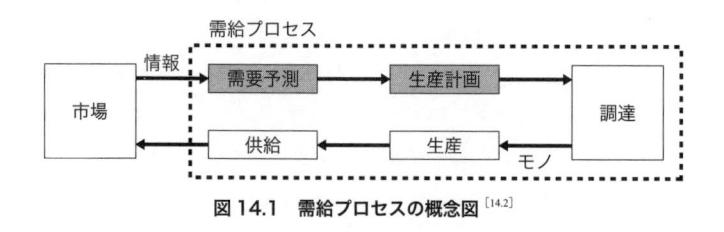

図14.1　需給プロセスの概念図 [14.2]

14.2 需要予測の概要

14.2.1 需要変動と予測

需要予測は，図14.1のように，生産計画にとっての基本的な入力情報となる。そして，こうした予測が対象とする市場の需要変動には，次の4つのタイプがある[14.3]。

① 傾向変動（T: Trend）：長期にわたり一方的な（上昇，または下降の）方向を持続するような変化
② 循環変動（C: Circulars）：景気変動のような，ある一定の周期性（③の季節変動よりも長い周期）を持つ波動
③ 季節変動（S: Seasonality）：家庭用エアコンのように，毎年同じ時期に山と谷を繰り返す，周期1年に限定された波動
④ 不規則変動（I: Irregular）：短期間に起こる不規則な変動

需要予測において，こうした需要変動を適切に分析し推定することが，精度の高い需要予測にとってのポイントとなる。これまで，需要予測の精緻化のために，さまざまな分析手法・分析モデルが開発されてきたが，それらのなかで代表的な分析モデルが，以下で述べる相関分析・回帰分析モデルと時系列解析モデルである。

14.2.2 相関分析・回帰分析モデル

相関分析・回帰分析モデルは，製品の需要量とそれに影響を与える要因との因果関係を分析し，その中で相関関係の強い要因のみを選択して，需要予測のための回帰方程式を導くモデルである。ここで重要な点は，どのような社会・経済現象であっても，それに関与するすべての要因を把握することは不可能であり，主要な要因のみに着目して予測せざるをえないということである。

まず，t時点の需要量をd_t，その需要量に影響を与える要因をそれぞれ，$x_{1t}, x_{2t}, \cdots, x_{it}, \cdots$とすれば，こうした需要予測モデルは，

$$d_t = f(x_{1t}, x_{2t}, \cdots, x_{it}, \cdots) \tag{14.1}$$

として表される[14.4]。ここで，一般に x_{it} は説明変数（独立変数）と呼ばれ，d_t は被説明変数（従属変数）と呼ばれる。また，説明変数（要因）が1つのモデルは単回帰分析（単純回帰分析），説明変数が複数あるモデルは重回帰分析と呼ばれる。

こうした回帰分析の特徴としては，①一方向的な原因・結果の関係（説明変数→被説明変数）と，②こうした原因・結果の関係を1つの関数 f で表すことにより，予測対象（被説明変数）と諸要因（説明変数）との関係を簡潔な形式でモデル化していることが挙げられる。そこで，説明変数を選択する際には，被説明変数の予測に先行して，同一時点（t）での説明変数の値がわかっている（既知である）ことが必要であり[14.5]，ここに「需要予測」という面での問題点が存在する。

14.2.3　時系列解析モデル

時系列解析モデルは，過去の需要量を唯一の説明変数として取り扱うモデルで，外挿（補外）法とも呼ばれる。これは，過去の需要量データを時系列的に分析し，それを引き伸ばして将来の予測を行おうとするモデルである。

このモデルでは，製品需要に影響を与える諸要因が，将来も過去と変わりなく持続するという仮定に基づくところに特徴がある。すなわち，①諸要因の変動そのものが安定している，②諸要因の需要に対する影響も規則的である，ということを仮定し需要変動の規則性を外挿するのである[14.4]。したがって，需要予測モデルでは需要量に影響を与える諸要因を取り込まず，過去の需要量のみの関数で表される。

こうした時系列解析モデルには，数多くのモデルが存在するが，その中で代表的な手法としては，移動平均法や指数平滑法が広く知られている。

①　移動平均法

この方法は，傾向変動と循環変動のみならず，不規則変動も含まれている

ことが想定される場合に適用されることが多い。n 期間の時系列の各時点 t に対して,その前後の N 期間 ($N<n$) に p 次の多項式をあてはめ,その係数を最小二乗法により推定する方法である。一般に用いられている移動平均法は $p=1$ の場合であり,これは単純移動平均法と呼ばれる。

ここで,需要系列を $\{d(t)\}$ とすれば,単純移動平均値 MA は,(14.2)式として与えられる。

$$MA = \frac{1}{N}\sum_{t=1}^{N} d(t) \tag{14.2}$$

N が奇数の場合,$N=2m+1$ とすれば,t 時点の移動平均値 $x(t)$ は,次のように表される。

$$x(t) = \frac{\sum_{j=-m}^{m} d(t+j)}{2m+1} \tag{14.3}$$

また,N が偶数 ($N=2m$) の場合は,最初と最後の項に $1/2$ の重みをつけることにより,

$$x(t) = \frac{\frac{1}{2}d(t-m) + \sum_{j=-m+1}^{m-1} d(t+j) + \frac{1}{2}d(t+m)}{2m} \tag{14.4}$$

として与えられる。

② 指数平滑法

この方法は,当期の需要が過去の需要に大きく依存する(自己相関が強い)場合や,予測値を需要変動にできる限り追従させながら平滑化したい場合に,過去の需要に何らかの重みをつけて加重平均をとることにより,将来の需要を予測する方法である。指数平滑法にはさまざまな方法があるが,その基本となる方法は「単純指数平滑法」である。ここで,$t-1$ 時点の需要実績値を d_{t-1},需要予測値を y_{t-1},重みを w とすると,t 時点の需要予測値 y_t は,次のように表される[14.4]。

$$y_t = wd_{t-1} + (1-w)y_{t-1} \tag{14.5}$$

ただし，0 < w ≦ 1

このように，予測に必要なデータは，前期の実績値と予測値のみであり，予測に必要な計算量が非常に少ないため，数千点以上にものぼる原材料や部品の所要量予測に用いられることが多い[14.5]。

14.3 生産計画の目的と概要

14.3.1 生産計画の目的

生産計画（production planning, product planning でない点に注意を要する）とは，利益計画，販売計画，要員計画等に基づき，決められた品質・仕様で経済的な生産を達成するために「どの品目をいつ，どこで，どれだけ生産するか」を明らかにする計画である。こうした生産計画の立案には，市場に対して製品をタイムリーに供給して在庫の低減を図る俊敏（アジル）な生産と，生産コストの低減をめざした生産のバランシングが求められる。

生産計画を対象となる期間により分類すると，「大日程計画」「中日程計画」「小日程計画」となる。具体的には，年間生産計画，6カ月あるいは四半期生産計画（四半期生産計画は中日程計画に位置づけられることもある）が大日程計画に相当し，月次あるいは旬間・週間生産計画が中日程計画，さらに具体的な日別の日程が小日程計画に相当する。これらを，それぞれ期間生産計画（全般的生産計画），月度生産計画（基準生産計画），詳細日程計画（順序計画）と呼ぶこともある。見込み生産（13章を参照）の場合は大日程計画と中日程計画に重点が置かれ，受注生産の場合は中日程計画と小日程計画に重点が置かれるという傾向がある。

以下では，山下，金子[14.6]に基づき，「大日程計画」「中日程計画」「小日程計画」の概要について整理していくことにしよう。

14.3.2 大日程計画

大日程計画は，経営計画の一環として作成されるため，経営計画の期間（年間，6カ月あるいは四半期）に合わせて作成されることが多い。大日程計画の段階では，需要はまだ確定していないため，前節で述べた需要予測に基づいて計画が作成される。

大日程計画では，需要予測から推定される需要のもとで，経営計画における利益を確保するためにはどのような生産活動を行うべきかを明らかにすることが求められる。このように，推定値（予測値）に基づいた計画であるため，大日程計画は「推定計画」と呼ばれることもある。こうした大日程計画に基づいて，人員・資材・設備・資金・発注・在庫等の計画を立てることになる。

14.3.3 中日程計画

中日程計画は，大日程計画に基づいて作成される月別あるいは旬間・週間の生産計画である。大日程計画の段階では，前述のように需要はまだ確定していないため，需要予測に基づいて計画が作成されるが，中日程計画ではこれがかなり確定した状態となる。その後の変更が生じる可能性もあるが，確定計画に近い計画となる。

中日程計画の目的は，どの品目を，いつまでに，何個生産するかを明確にすることにある。そのため，人員，材料・部品，機械設備・治工具の所要量と所要時期の計画に主眼が置かれる。その際，各職場の生産能力の有効活用を図るように計画を立てる必要がある。

その結果，生産能力に余力があるときには，それを営業部門に通知して，その後の受注活動に反映させ，逆に生産予定数・受注数が生産能力を上回っているときには，人員の確保，治工具の手配，外注の利用等の対策を講じることになる。このように，生産予定数・受注数と生産能力との間に過不足のある場合は，中日程計画までの段階で適切な対応をとっておかないと，小日程計画になってからでは間に合わなくなってしまうことも多い。

14.3.4 小日程計画

　小日程計画では，生産数が確定した品目，あるいは実際に受注した品目に対して，どのような手順に従い，どこの職場で，いつ開始していつ完了するかといった詳細の計画を立てることになる。その際，一方で小日程計画や受注に対して，もう一方であらかじめ顧客との間で約束した納期に対して，それぞれ整合性を保つようにすることが絶対条件となる。

14.4　在庫管理の目的と概要

14.4.1　在庫管理の目的

　在庫管理（inventory control）は，円滑な販売，生産，資材調達を進めながら，かつ最小限の在庫水準に抑えるための管理である。したがって，在庫管理の究極の目的は，円滑な販売，生産，資材調達を維持しながら在庫をゼロにすることである。しかしながら，それは現実には不可能であるため，経済的な在庫水準をめざすことになる。そこで，一般に「標準在庫量」が設定される。

　在庫管理は，製品在庫管理，仕掛品在庫管理，資材在庫管理から構成され，円滑な販売活動は製品在庫管理と，また円滑な資材調達活動は資材在庫管理と，それぞれ密接な関係にある。さらに，円滑な生産活動はこれらすべての在庫管理に直結している。したがって，円滑な生産活動を維持することが在庫管理の中心に位置づけられる。

　以下では，山下，金子[14.6]に基づき，「在庫の発生要因」「発注方式」について概説していくことにする。

14.4.2　在庫の発生原因

　在庫の発生原因は，企業活動のさまざまな場面に潜在するが，それらに共通することは「変動」（バラツキ）である。すなわち，販売，生産，資材調達のそれぞれにおける価格，数量，納期，品質の変動である。

　これらの変動が在庫を発生させる原因となるのであるが，こうした変動を

吸収するために「在庫を持つ」という側面と，変動により結果として「在庫が発生した」という側面があることに注意を要する。前者は，積極的な管理のように見えるが，積極的な管理は本来これらの変動を小さくすることであり，在庫を持つことは逃げの（消極的な）管理である。こうした「逃げ」の管理は，過剰在庫を生みやすいのである。

14.4.3 発注方式
① 定量発注方式
　定量発注方式は，毎回，一定量の発注を行う方式であり，この方式では在庫が所定の量まで減少した時点（発注点）で，あらかじめ決められた量を発注する。したがって，在庫の使用速度によって発注期間が変動する。このことが，定期発注方式との対比において，定量発注方式の特徴となっている。
　定量発注方式では，一定の発注量と安全在庫量，発注点を決定しておけば，簡単に発注を行うことができる。その際，最も経済的な（最小の費用での）発注となるように決定される発注量が，次に述べる「経済発注量」である。

② 経済発注量
　経済発注量（EOQ: Economic Order Quantity）は、発注費用と在庫保管費用の和を最小にするような発注量である。一般に，発注量を大きくすると発注回数が少なくなり発注費用が減少するが，在庫が増加するため在庫保管費用が増加してしまう。逆に，発注量を小さくすると，在庫保管費用が減少するが，発注費用が増加してしまう。
　そこで，これらの費用の和 TC を最小にする発注量を求めることが，ここでの課題となる。TC は，発注費用と在庫管理費用の和として下式のように表される。

$$TC = C \cdot D / Q + I\,(Q/2 + S)\,P \qquad (14.6)$$

　ただし，C：1回当りの発注費用，D：期間当りの平均需要量，

Q：1回当りの発注量，I：在庫保管費率，S：安全在庫量，P：在庫品目の単価

上式における TC の最小値は傾きが 0 となる点であるため，これを Q で偏微分して 0 とおく。

$$\frac{\partial TC}{\partial Q} = -\frac{CD}{Q^2} + \frac{IP}{2} = 0 \tag{14.7}$$

$$\therefore \frac{CD}{Q^2} = \frac{IP}{2} \tag{14.8}$$

上式は，明らかに $Q > 0$ であるから，

$$Q = \sqrt{2CD/IP} \tag{14.9}$$

となる。この Q が経済発注量（EOQ）である。

③ 安全在庫

安全在庫は，平均的な需要の場合に必要な在庫とは別に，需要の変動（平均的需要よりも多くなった場合の需要）を吸収するために用意される在庫である。したがって，リードタイム期間における最大使用速度での使用量と平均使用速度での使用量との差が「安全在庫量」S となる。

具体的には，需要の標準偏差 σ を用いて，次式のように表される。

$$S = \alpha \sqrt{LT} \cdot \sigma \tag{14.10}$$

ただし，LT：リードタイム，α：安全係数

上式の安全係数 α は，欠品をどれだけの確率で回避しようとするかによって決まる値であり，この値を大きくすれば欠品の確率は減少するが，在庫が増大する。そこで，この値は，生産および販売の特性を考慮した各企業のポリシーによって決定される[14.6]。

④ 発注点

定量発注方式では，在庫が順次使用されて所定の水準まで減少したときに発注を行うが，そのときの在庫量は「発注点」と呼ばれる。発注点の基本的な考え方は，リードタイム期間中の需要量を発注点とすることである。すなわち，発注品が納入される時点での在庫量を 0 にしようとする考え方である。理想の状態はリードタイムが 0 であり，このとき発注点も 0 となる。

現実には，リードタイム期間中に需要の変動があるため，これを吸収すべき安全在庫量 S を考慮して発注点 OP は次のように定式化される。

$$OP = LT \cdot Du + S \tag{14.11}$$

ただし，Du：単位期間当りの平均需要量（平均使用速度）

これにより，もし平均需要量の通りに在庫が減少していけば，発注品が納入される直前での在庫は安全在庫量となり，最大使用速度で在庫が減少していった場合は，この時点での在庫量が 0 となる。

⑤ 定期発注方式

定期発注方式は，発注から次の発注までの間隔（これを発注サイクルという）を一定にした発注方式である。その際の発注量は，需要の予測値，発注済み量（すでに発注済みで未入庫の量；「発注残」とも呼ばれる），現在庫量，安全在庫量によって決定される。したがって，発注時点でのこれらの値によって，そのつど発注量が異なる。このことが，定量発注方式との対比において特徴的である[14.6]。

定期発注方式は，毎回，需要予測に基づいて発注量を決定しなければならないため，他の発注方式に比較して手間がかかる。そこで，高価な品目，需要量の多い品目，需要の変動が大きい品目，陳腐化しやすい品目に適用されることが多い。

ここで，納入リードタイムが 1 発注期間（$LT = 1$）の場合の発注量につい

て検討していくことにしよう。定期発注方式において，納入リードタイムが1発注期間（$LT=1$）の場合，t期末に発注した品目は$t+2$期の初めに納入される。そこで，t期末に予測した$t+1$期，$t+2$期の需要量を，それぞれ$d_{t+1;t}$，$d_{t+2;t}$とし，t期末の在庫量をs_t，安全在庫量をSとすれば、t期末の発注量O_tは下式のように表される。

$$O_t = d_{t+1;t} + d_{t+2;t} - O_{t-1} - s_t + S \tag{14.12}$$

この式は，次のように変換される。

$$d_{t+1;t} + d_{t+2;t} + S = O_t + O_{t-1} + s_t \tag{14.13}$$

すなわち，$t+1$期，$t+2$期の需要量と安全在庫量を，t期末の在庫量，発注済み量と新規発注量により，まかなうのである。

14.5　在庫低減と生産平準化のバランシング（調和）モデル

一般に，市場に製品をタイムリーに供給して在庫の低減を図る俊敏な生産（アジルな生産）と，生産コストの低減を図るための安定した生産（平準化生産）はトレード・オフの関係にある。こうした企業活動のトレード・オフ問題を，**第9章**では低エネルギーと高エントロピーの調和問題として捉え，両者のバランシングを定量的に分析するための基本モデルを提示した。筆者ら（栗原・山下[14.7]）は，こうした考え方に基づき，在庫管理の仕事量をエネルギーで，また生産配分の平準化（均等化）の度合をエントロピーで捉えることにより，在庫低減と生産平準化の調和問題を，低エネルギーと高エントロピーのバランシング問題としてモデル化している。すなわち，ある一定期間の需要を，その期間内にどのように配分して生産すべきかの問題に対して，単一品目かつ単一工程のもとでの基本的なモデルを提示したのである。その上で，両者の関係を「最大エントロピー原理」（6章を参照）に基づき，在庫管理エネルギーの平均（以下，「平均エネルギー」と呼ぶことにする）を，ある一定の水準に保ったもとで生産配分エントロピーHを最大化する

14章　需要予測と生産計画

調和問題 φ として定式化している。これにより，生産計画（とりわけ，大日程計画）において，比較的シンプルな方法で，「在庫低減と生産平準化のバランスのとれた生産量」を推定することが可能になるのである。

以下では，こうした筆者ら（栗原・山下 [14.7]）の「在庫低減と生産平準化のバランシング（調和）モデル」を紹介していくことにする。まず，計画期間を T，計画期間内の t 月における生産（配分）比率を p_t とおけば，生産配分エントロピー H を，（14.14）式のように定式化することができる。

$$H = -\sum_{t=1}^{T} p_t \log p_t \tag{14.14}$$

また，T カ月間の平均在庫量の合計を S，在庫管理エネルギー係数を β （在庫管理コスト，在庫リスク，キャッシュフローへの影響等の製品特性で決まる係数）とすると，在庫管理エネルギーの合計 E は，（14.15）式のように表される。

$$E = \beta \cdot S \tag{14.15}$$

次に，t 月における需要量を d_t，期首在庫を s_0，期末在庫を s_T とすると，T カ月間の総生産量 M，t 月の生産量 m_t，t 月末の在庫量 s_t は，それぞれ下記のようになる。

・T カ月間の生産量　$M = \sum_{t=1}^{T} d_t - s_0 + s_t$

・t 月の生産量　$m_t = p_t \cdot M$

・t 月末の在庫量　$s_t = s_{t-1} + m_t - d_t = s_0 + \sum_{k=1}^{t} m_k - \sum_{k=1}^{t} d_k$

ただし，在庫切れを防ぐため，$s_t < 0$ のときは $s_t = 0$ とする。

したがって，T カ月間の平均在庫量の合計 S を，以下のように展開することができる。

$$S = \sum_{t=1}^{T} s_t = \sum_{t=1}^{T} (s_{t-1} + s_t)/2 = \sum_{t=1}^{T} s_t + (s_0 - s_T)/2$$

$$= \sum_{t=1}^{T}\sum_{k=1}^{t} m_k + \sum_{t=1}^{T} s_0 - \sum_{t=1}^{T}\sum_{k=1}^{t} d_k + (s_0 - s_t)/2 \tag{14.16}$$

ここで，(14.16)式の右辺第1項と第3項に注目すると，

$$\sum_{t=1}^{T}\sum_{k=1}^{t} m_k = \sum_{t=1}^{T}(m_1 + \cdots + m_t) = \sum_{t=1}^{T}(T-t+1)\, m_t = \sum_{t=1}^{T}(T-t+1)\, p_t M \tag{14.17}$$

となる．これと同様に，

$$\sum_{t=1}^{T}\sum_{k=1}^{t} d_k = \sum_{t=1}^{T}(T-t+1)\, d_t \tag{14.18}$$

であり，ここで(14.16)式に(14.17)式と(14.18)式を代入すれば，Sは(14.19)式のように表される．

$$\begin{aligned}S &= \sum_{t=1}^{T}(T-t+1)\, p_t M + \sum_{t=1}^{T} s_0 - \sum_{t=1}^{T}(T-t+1)\, d_t + (s_0 - s_T)/2 \\ &= \sum_{t=1}^{T} p_t(T-t+1/2)\, M + \sum_{t=1}^{T}\{s_0 - (T-t+1/2)\, d_t\}\end{aligned} \tag{14.19}$$

さらに，$z_t = (T-t+1/2)\, M$，また $G = \sum_{t=1}^{T}\{s_0 - (T-t+1/2)\, d_t\}$ とおくと，(14.19)式は，(14.20)式のように変換される．

$$S = \sum_{t=1}^{T} p_t z_t + G \tag{14.20}$$

したがって，(14.15)式に(14.20)式を代入すれば，(14.21)式のように表すことができる．

$$E = \beta S = \beta\left(\sum_{t=1}^{T} p_t z_t + G\right) = \beta \sum_{t=1}^{T} p_t z_t + \beta G \tag{14.21}$$

ここで，本章の調和問題 φ は，(14.14)式の生産配分エントロピー H とエネルギー定数 C（在庫量をどの水準に設定するかという在庫政策で決まる定数）を加味すれば，(14.22)式のように定式化することができる．

$$\begin{aligned}\varphi &= H - \lambda(E - C) - \mu\left(\sum_{t=1}^{T} p_t - 1\right) \\ &= -\sum_{t=1}^{T} p_t \log p_t - \lambda\left(\beta\sum_{t=1}^{T} p_t z_t + \beta G - C\right) - \mu\left(\sum_{t=1}^{T} p_t - 1\right) \to \max\end{aligned} \tag{14.22}$$

ただし，λ と μ はラグランジュ乗数

14章　需要予測と生産計画

上記の(14.22)式は，p_t に関して上に凸であるため，φ を p_t で偏微分して0とおくことにする．

$$\frac{\partial \varphi}{\partial p_t} = (-\log p_t - 1) - \lambda \beta z_t - \mu = 0 \tag{14.23}$$

これを p_t について整理すれば，

$$p_t = \exp[-1 - \lambda \beta z_t - \mu] \tag{14.24}$$

となり，(14.24)式は T 本得られるため，これら T 本の方程式の総和で，それぞれの方程式を割ると，

$$p_t = \frac{\exp[-1 - \lambda \beta z_t - \mu]}{\sum_{k=1}^{T} \exp[-1 - \lambda \beta z_k - \mu]} = \frac{\exp[-\lambda \beta z_t]}{\sum_{k=1}^{T} \exp[-\lambda \beta z_k]} \tag{14.25}$$

となる．ここで，$Q = \exp[\lambda \beta]$ とおき，(14.25)式を整理すると，

$$p_t = \frac{Q^{-z_t}}{\sum_{k=1}^{T} Q^{-z_k}} \tag{14.26}$$

が得られ，(14.26)式はそれぞれの t に関して全部で T 本得られる．そこで，両辺に z_t をかけて t で足し込むと

$$\sum_{t=1}^{T} p_t z_t = \sum_{t=1}^{T} \left(\frac{Q^{-z_t}}{\sum_{k=1}^{T} Q^{-z_k}} \right) z_t = \frac{\sum_{t=1}^{T} Q^{-z_t} z_t}{\sum_{k=1}^{T} Q^{-z_k}} \tag{14.27}$$

となる．さらに，(14.27)式の両辺に $\beta \sum_{k=1}^{t} Q^{-z_k}$ をかければ，

$$\beta \sum_{t=1}^{T} p_t z_t \sum_{k=1}^{t} Q^{-z_k} = \beta \sum_{t=1}^{T} Q^{-z_t} z_t \tag{14.28}$$

となり，(14.22)式より $\beta \sum_{t=1}^{T} p_t z_t + \beta G = C$（平均エネルギーは一定）であることから，(14.29)式が得られる．

$$\beta \sum_{t=1}^{T} p_t z_t \sum_{k=1}^{t} Q^{-z_k} = (C - \beta G) \sum_{t=1}^{T} Q^{-z_t} = \beta \sum_{t=1}^{T} Q^{-z_t} z_t \qquad (14.29)$$

したがって，下式が成立する。

$$\sum_{t=1}^{T} Q^{-z_t} (C - \beta G - \beta z_t) = 0 \qquad (14.30)$$

そこで，(14.30)式を満たす Q を数値的に求め，(14.26)式に代入することで，(14.22)式（在庫低減と生産平準化のバランシング・モデル）における生産配分エントロピー H を最大化する生産比率 p_t の解を求めることができるのである。

〈参考文献〉

[14.1] 松井正之『生産企業のマネジメント』共立出版，2005年。
[14.2] 栗原剛「季節依存性製品の需給マネジメント・モデルに関する研究」明治大学修士論文，2013年。
[14.3] 森田優三『経済変動の統計分析法』岩波書店，1955年。
[14.4] 村松林太郎『生産管理の基礎［新版］』国元書房，1979年。
[14.5] 本多正久『経営のための需要の分析と予測』産能大学出版部，2000年。
[14.6] 山下洋史・金子勝一『情報化時代の経営システム［新版］』東京経済情報出版，2004年。
[14.7] 栗原剛・山下洋史「在庫低減と生産平準化の調和モデル」『日本経営システム学会誌』Vol. 29, No. 3, 2013年。

15章
品質管理における効率性と安全性の調和

15.1　品質管理の基本概念

　戦後の高度成長期以降，日本の製品は「品質が高い」という評価を世界の多くの国々で受けてきた。こうした日本製品（部品も含めて）の高い品質を生み出す要因として，きめの細かい品質管理（QC; Quality Control）を指摘することができる。本章では，この品質管理（QC），とりわけ日本企業の品質管理について，「効率性と安全性の調和」という観点から検討していくことにする。

　品質管理（QC）とは，あらかじめ決められた設計・仕様の生産を実現し，顧客や社会が満足する製品を提供するために，品質・信頼性・経済性を向上させる活動[15.1]を意味しており，品質と信頼性は本章で後述の「安全性」に，また経済性は「効率性」に，それぞれ対応する。したがって，企業活動の経済性・効率性を追及する大量生産において，品質管理は欠かせない存在であり，シューハートが「管理図」を考案してからは，企業に統計手法が導入され，「統計的品質管理」が発展してきた。日本企業では，それ自体を専門とするスタッフによる品質管理のみならず，それぞれの工程で高い品質を作り込むことをめざしたラインによる品質管理（例えば，QCサークルによる品質管理）が展開されているところに大きな特徴がある。

　その際，管理すべき品質は，設計品質と製造品質に分解することができる。前者の設計品質は，製品を設計する際に商品企画者や設計者が，顧客のニーズ・技術レベル・生産能力・原価等を考慮して決定する品質であり，これらは設計図面や仕様書・部品表によって規定される。したがって，もし設計品質に問題があったとすれば，必ず問題が生じてしまうことになる。後者

の製造品質は，実際の製造過程で形成される品質であり，上記の設計品質が良くても，もし製造品質が悪ければ，品質問題を引き起こしてしまうことになる。したがって，品質管理において，設計品質と製造品質の両方が保証されなければ，市場に良い製品を供給することはできないのである[15.2]。

15.2 TQC（Total Quality Control）と QC サークル

TQC は，総合的品質管理（Total Quality Control）を意味し，品質検査で不良品を発見するという消極的な品質管理ではなく，より高い品質の製品を市場に提供するという積極的な管理を実現するために，製造工程（ライン）のみならず，スタッフを含めた経営全般を対象とした品質管理である。TQC は，米国のファイゲンバウムが提唱した概念であるが，このときは品質管理部門が中心となって展開するものであった[15.3]。

しかしながら，これが日本に導入されてからは，ライン部門のみならず，スタッフ部門や管理者，さらには経営者まで含めた総合的な品質管理として日本独自の様式で発展していった。こうした日本の TQC は，機能を細分化して個人や部門の責任を明確化するという米国の組織よりも，責任が多少は不明確になったとしても機能や情報を共有して全員で問題に取り組もうとする日本の組織に適合している。また，TQC が日本に導入されたとき，日本ではすでに下記の「QC サークル」が活発な活動を展開しており，この QC サークルとの相乗効果を生んだことも，TQC の発展の大きな要因となっている[15.2]。

一方，TQC とともに日本における品質管理の発展を支えてきた QC サークルは，製造部門を中心としたそれぞれの職場での品質管理を自発的に行うための小集団活動である[15.4]。QC サークルでは，メンバー相互の自己啓発によって，「QC7つ道具」に代表されるような QC 手法を積極的に活用しながら，職場の品質管理と業務改善の両面での活動が展開されている。こうした QC サークルの活動には，次のような利点がある[15.2]。

① QC の重要性が理解され，QC 手法を積極的に活用しようとする意識

が浸透する。
② 自己啓発や経営参加の意識が高揚する。
③ 大量生産のライン部門では，単純作業のみの仕事から解放される。

15.3 統計的品質管理と QC7 つ道具

15.3.1 統計的品質管理

統計的品質管理（SQC; Statistical Quality Control）は，品質管理を科学的に，かつ定量的に行うことを意図しており，米国のシューハートが 1924 年に管理図をはじめとする統計的手法を品質管理に応用したことを契機に，多くの企業で活用されるようになった[15.5]。統計的品質管理には，統計的検定や分散分析・実験計画法・多変量解析から，後述する「QC7 つ道具」のような比較的簡単な手法に至るまで，多くの統計的手法が活用されている。

その際に，統計的品質管理では製品の良否を判定する際のさまざまな「品質特性」を数値として表した「品質特性値」により，きめの細かい管理を展開することになる。すなわち，統計的品質管理では，科学的・定量的な品質管理を行うための「品質特性値の管理」を行うのである。品質特性値は，同じ製品であっても必ず何らかのバラツキを持っているため，このバラツキをいかにして把握するか，またいかにしてそれを小さくするかが課題となる。そこで，分散や標準偏差といった，バラツキを表す統計量が広く用いられている。

15.3.2 QC7 つ道具

日本では，品質管理を専門としないライン（とりわけ，前述の QC サークル）において，比較的簡単な統計手法を活用しながら，統計的品質管理を積極的に展開している。こうしたラインでの統計的品質管理の発展を支えてきた統計手法が「QC7 つ道具」である。QC7 つ道具は，下記のような 7 つの手法（道具）の総称であり，日本企業の品質管理において，これらが果たしてきた役割は非常に大きい。

① ヒストグラム（度数分布）

　ヒストグラムは，横軸に品質特性値の階級（品質特性値をいくつかの区間に区切ったクラス），縦軸に度数（頻度）をとった柱状グラフであり，度数分布ともいわれる。これにより，どの階級の度数が最も高いか，どの階級まで度数がばらついているか，許容範囲を越えている階級の度数がどの程度あるかを把握するのである。

② 層別

　品質特性値は，作業条件・作業者の熟練度・機械の性能・原材料の種類等の要因によって影響を受けるため，収集したデータをこれらの要因で分類すると，どの要因が品質に対して大きな影響を及ぼしているかの把握が容易になる。「層別」は，このように品質特性値に影響を与える要因を分類し，いくつかの層に区分することを意味する。これにより，不良の原因は何であるか，また品質を高めるための条件は何であるかについて検討していくことになる。

③ チェックシート

　品質調査・品質検査や実験で，階級あるいは層別された「層」別に品質をチェックし，これを整理・集計したシートが「チェックシート」である。このチェックシートを，ヒストグラムやパレート図を作成するための調査・実験に用いると，その際の集計が容易になる。

④ 特性要因図

　特性要因図は，品質特性に影響を与える要因の関係を整理した図であり，それらの階層構造を魚の骨の形で記述しているところに特徴がある。この図において，骨と骨のつながりが要因間の関係を表している。特性要因図は，ブレーン・ストーミングの結果を図に整理して，そこから調査・検査や実験を行う要因を選定しようとする際に用いられることも多い。

⑤ パレート図

パレート図は，柱状グラフと折れ線グラフを結合させたグラフであり，この名称はイタリアの経済学者パレートが考案したことに由来する。パレート図における柱状グラフにはヒストグラムと同様に度数または品質特性値をとり，折れ線グラフにはそれらを累積した値をとる。その際，値の大きい順に左から並べるところに特徴がある。

多くの場合，問題となる品質特性は，上位少数個の項目で80％以上（累積度数）となることが知られており，パレート図の柱状グラフと累積度数の関係を見ることによって，これらの主要な要因の把握が容易になる。こうした主要な要因を重点的に管理することによって，QCの効果を高めることができるのである。

⑥ 散布図（相関図）

散布図は，2つの要因間の関係を表すためのグラフであり，それらの相関関係の分析に用いられるため，「相関図」とも呼ばれる。それらのプロットが直線的に並んでいる場合，2つの要因間の相関関係が強く，それが右上がりの場合は「正の相関」，右下がりの場合は「負の相関」を，それぞれ意味する。

⑦ 管理図

管理図（control chart）は，品質特性値の分布に対して管理限界を設定し，各データと中心線および管理限界との関係によって，工程の異常または不安定な状態を判定するための図法である。管理図では，工程の異常や不安定な状態を下記のような基準で判定し，これらに該当する場合はその要因をつきとめて，改善を図ることになる。

CASE1：管理限界の外にはずれた点がある。
CASE2：中心線の上側か下側に連続して7点の連が現れる。
CASE3：データが中心線の上側か下側に偏って多く現れる。

CASE4：データに上昇または下降の傾向がある。
CASE5：データが管理限界線の近くに連続して現れる。

15.4　実験計画法

　実験計画法（design of experiment）は，実験方法の設計と実験結果の統計的解析が一体となった方法であり，フィッシャーによって考案された。これは，結果の解析方法に合わせて，しかも効率的に実験を行うことができるように，実験を計画するところに特徴がある。実験を行ってから解析方法を考えるという「いきあたりばったり」のアプローチではなく，実験計画法により，あらかじめ解析方法を想定して実験をデザインすることが，解析結果の精度向上にもつながるのである[15.2]。

　実験計画法は，結果に影響を及ぼすことが予想されるいくつかの因子を割付けて実験を設計する方法と，割付けた因子の効果を統計的に判定する方法とによって構成されており，前者は「実験配置法」，後者は「実験解析法」と呼ばれる[15.5]。

　実験計画法には，下記のような優れた特徴がある。これらは，実験配置法と実験解析法が一体となっていることによって得られる特徴である。

① 実験誤差からもたらされる結論の誤りを最小限におさえることができる。
② 実験回数が非常に少なくてすむ。例えば，因子が7つで，それぞれの水準数が2の実験で交互作用がない場合，単純に実験を行えば、$2^7 = 128$（回）の実験を行わなければならないが，表15.1の直交配列表を用いれば，8回ですむ。このような利点は，因子数や水準数が多くなるほど顕著になる。
③ 実験結果の解析が容易になる。
④ 上記のことから，実験コストを低減することができる。

15 章　品質管理における効率性と安全性の調和

表 15.1　交互作用がない場合の因子数 7（「列」に対応），水準数 2 の直交配列表：$L_8(2^7)$

実験 No.	列 1	列 2	列 3	列 4	列 5	列 6	列 7
実験 1	水準 1	水準 1	水準 1	水準 1	水準 1	水準 1	水準 1
実験 2	1	1	1	2	2	2	2
実験 3	1	2	2	1	1	2	2
実験 4	1	2	2	2	2	1	1
実験 5	2	1	2	1	2	1	2
実験 6	2	1	2	2	1	2	1
実験 7	2	2	1	1	2	2	1
実験 8	2	2	1	2	1	1	2

15.5　全数検査と抜取検査

　品質検査は，全数検査（total inspection）と抜取検査（sampling inspection）に大別され，前者の全数検査は，対象となるものすべて（全数）を検査する方法であり，検査を行う時点・場所・方法が適切であればすべての不良品を除去することが可能である．しかし，全数検査には，コストが高くつくという大きな問題点もある．これに対して，後者の抜取検査は，検査の対象となる製品や部品の中の一部を検査する方法であり，その究極の目標は全数検査と同程度の効果をあげることにある．そこで，抜取検査には統計的方法が積極的に活用される．

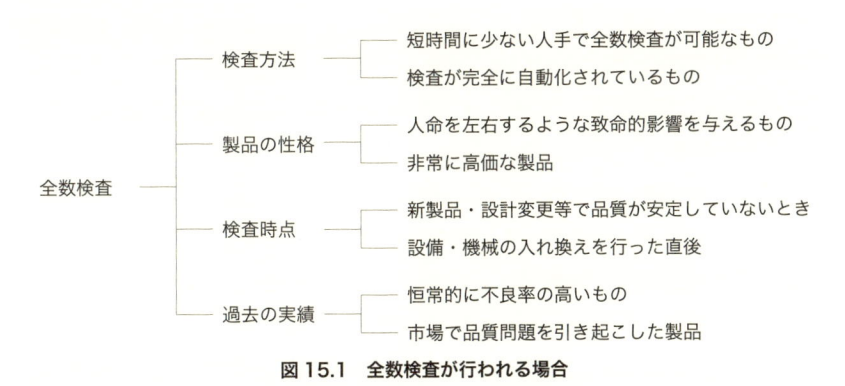

```
                    ┌─ 検査方法 ──┬─ 短時間に少ない人手で全数検査が可能なもの
                    │           └─ 検査が完全に自動化されているもの
                    │
                    ├─ 製品の性格 ┬─ 人命を左右するような致命的影響を与えるもの
                    │           └─ 非常に高価な製品
  全数検査 ─────────┤
                    ├─ 検査時点 ──┬─ 新製品・設計変更等で品質が安定していないとき
                    │           └─ 設備・機械の入れ換えを行った直後
                    │
                    └─ 過去の実績 ┬─ 恒常的に不良率の高いもの
                                └─ 市場で品質問題を引き起こした製品
```

図 15.1　全数検査が行われる場合

全数検査は，図 15.1 のような検査方法・製品の性格・検査時点・過去の実績などの特性によって行われ，それ以外の場合，通常は抜取検査が選択される．

15.6　ラインでの QC と日本の組織特性・雇用システム

日本では，品質管理部門のスタッフのみならず，ラインの従業員が品質管理のスキルを身につけ，独自の TQC が展開されてきた（**15.1 節**を参照）．これにより，日本では実質的には全数検査に近い品質管理が行われている．そして，こうした品質管理が，日本製品の高い品質を生み出し，日本企業の発展を支える基盤となっているのである．

しかしながら，ラインの従業員が品質管理のスキルを身につけるためには，多くの時間と高い労働意欲を必要とする．また，品質管理に関する専門教育を受けていないラインの従業員が本来の業務（例えば，組み立て作業）のための学習とは異なる学習を行うことは，本来の業務に対する労働時間を短縮させることになり，短期的な効率性を低下させてしまうことになる．さらに，品質管理のスキルは本来の業務に求められるスキルとは異なるため，ラインの従業員は「自身の職務ではない」と考えてしまうかもしれない．こうした状況の中で，日本企業はいかにしてラインの従業員による品質管理を実現し，TQC を展開してきたのであろうか？

それを実現してきた要因は，日本の雇用システムと，そこから生み出される組織特性にあろう．日本では，一般に「終身雇用」と呼ばれる，長期雇用・長期勤続を前提とした雇用システムが長年にわたって広く定着してきた．この長期雇用・長期勤続の傾向が，本来の業務とは異なる学習にラインの従業員が取り組むための「時間的余裕」を生み出す役割を果たしている．これにより，企業は学習による短期的な効率性の低下を許容しながら，将来的な効果（実質的な全数検査による品質の向上）を優先することができるのである．さらに，長期雇用・長期勤続の傾向は，従業員の「企業に対する高い帰属意識・貢献意欲」を醸成してきた．こうした従業員の高い帰属意識・

貢献意欲がモチベーションとなり，QCサークルによって自発的に，ときには勤務時間外でも品質管理のスキルを身につけるための学習を行うという従業員の姿勢を生み出しているのである．

15.7 効率性重視のQC・安全性重視のQCと狂牛病問題

2003年にアメリカで発生した狂牛病問題に対して，日本は牛肉の全数検査を要求し，米国は抜取検査を主張した結果，日本は米国からの牛肉の輸入を禁止することになってしまった．この事例には，「効率性」を重視する米国の品質管理と，効率性のみならず「安全性」を重視する日本の品質管理との違いが端的に表れている．もちろん全数検査の実施には，多くの人手が必要である．米国型（効率性重視）のQCでは，少人数の専門スタッフのみで全製品の品質保証を行うため，全頭を検査することは事実上不可能であり，抜取検査に頼らざるを得ない．

一方，日本では専門スタッフによる品質保証のみならず，ラインでの「品質の作りこみ」による品質保証の考え方が浸透しており，ライン→専門スタッフという2段階の品質保証が展開されているため，安全性を重視した全頭（全数）検査も不可能ではない．それは，QCの専門スタッフのみならず，ラインの従業員全員が前述のTQCやQCサークルを通じてQCのスキルを日頃より身に付けているからである．こうした効率性重視と安全性重視という考え方の違いが，米国型QCと日本型QCの特徴となっているが，とりわけ狂牛病問題のように厳格な品質保証が必要になる場合，これらの特徴が端的に表れるのである．

15.8 ライン＆スタッフによるQCとスタッフのみのQCの評価モデル

ここでは，筆者ら[15.6]の先行研究に基づき，ラインでのQC→専門スタッフによるQCという二段階のQC（日本型QC，以下「様式1」）と，専門ス

タッフのみによる QC（米国型 QC，以下「様式2」）との間の優位性・劣位性を比較していくことにしよう。

そこで，まずラインでの QC にかかるコストを C_1，スタッフの QC にかかるコストを C_2，良品を不良品と判定した場合と不良品を良品と判定した場合の1個当たりの損失を，それぞれ U と V とし，生産量を N とする。また，ラインにおいて良品を良品と判定する確率（正判定確率）を p_{11}，不良品を不良品と判定する正判定確率を p_{12}，またスタッフにおける同様の確率をそれぞれ p_{21} と p_{22} とし，実際に良品である確率を P とすれば，様式1（ライン＆スタッフによる QC）での合計コスト T_1（QC にかかるコストと良品・不良品の誤判定による損失の和）と，様式2（スタッフのみによる QC）での合計コスト T_2 は，下記のように表される[15.6]。ただし，ラインでの QC によって不良品と判定されたものは，その時点で処分され，スタッフによる QC の対象とはならないものとする。

$$T_1 = C_1 + \{Pp_{11} + (1-P)(1-p_{12})\} C_2 + \{Pp_{11}(1-p_{21})$$
$$+ P(1-p_{11})\} UN + (1-P)(1-p_{12})(1-p_{22}) VN \qquad (15.1)$$

$$T_2 = C_2 + P(1-p_{21}) UN + (1-P)(1-p_{22}) VN \qquad (15.2)$$

したがって，様式1に対する様式2の優位性（$T_2 - T_1$）は，(15.3) 式のようになる。

$$T_2 - T_1 = -C_1 + \{1 - Pp_{11} - (1-P)(1-p_{12})\} C_2 + \{P(1-p_{11})(1-p_{21})$$
$$- P(1-p_{11})\} UN + (1-P) p_{12}(1-p_{22}) VN \qquad (15.3)$$

筆者ら[15.6]の先行研究では，以下のように簡単な数値例を設定し，ラインでの QC にかかるコスト C_1 とスタッフの QC にかかるコスト C_2 や，確率（P, p_{11}, p_{12}, p_{21}, p_{22}）等の変動による様式1と様式2の優位性・劣位性を分析している。まず，基本例として，$p_{11} = p_{12} = p_{21} = p_{22} = p$ で，$V = 5U$ の場合を考えると，

$$T_2 - T_1 = -C_1 + \{1 - Pp - (1-P)(1-p)\} C_2$$

15 章 品質管理における効率性と安全性の調和

$$+ \{P(1-p)2 - P(1-p)\}UN + (1-P)p(1-p)5UN$$
$$= -C_1 + (P+p-2Pp)C_2 + (5-6P)p(1-p)UN \qquad (15.4)$$

が得られる．したがって，様式 1 と様式 2 の優位性が等しくなる（$T_2 = T_1$）C_1 は，

$$C_1 = (P+p-2Pp)C_2 + (5-6P)p(1-p)UN \qquad (15.5)$$

となる．

次に，より QC の安全性を重視した場合（$V = aU$, $a = 10, 15, 20$）を考えてみると，(15.5) 式は (15.6) 式のように書き換えられる．

$$C_1 = (P+p-2Pp)C_2 + \{a-(a+1)P\}p(1-p)UN \qquad (15.6)$$

さらに，上記の基本例に対して，$P = 0.95$, $p = 0.995$, $U = 1,000$, $N = 100,000$ の値を設定し，$C_2 = V(1-P)N/2$ で，$V = 5U$（基本例），$10U$, $15U$, $20U$ の 4 通りについて，C_1 と C_2 の関係を分析してみると，表 15.2 のような結果となる．

表 15.2 $V = 5U$（基本例），$10U$, $15U$, $20U$ の分析結果 [15.6]

	U	V	C_1	C_2	C_1/C_2
$V = 5U$	1,000	5,000	333,000	12,500,000	0.027
$V = 10U$	1,000	10,000	1,138,625	25,000,000	0.046
$V = 15U$	1,000	15,000	1,944,250	37,500,000	0.052
$V = 20U$	1,000	20,000	2,749,875	50,000,000	0.055

表 15.2 の結果から，ラインでの QC はスタッフによる QC に比較して，そのコストが非常に小さい値でなければ，様式 1（ラインとスタッフの両方による日本型 QC）が劣位になることがわかる．このことは，米国（日本以外）において，様式 1 が困難であることを示唆する結果であると同時に，米国における専門スタッフのみによる QC の妥当性を示している．例えば，QC 業務の分のサラリーまで要求するようなラインの労働者や，労働時間以

169

外には，決して QC の学習（例えば，QC サークルでの学習）をしないような労働者では様式 1 は成立しない。これに対して，日本企業では，QC サークルや自己啓発的な QC により，あまりコストをかけずに，ラインでの QC が展開されているからこそ様式 1 が可能なのである。さらに，こうしたラインでの QC が，ラインの従業員のモチベーションを高め，生産効率や良品率 P の向上にも貢献しているのかもしれない。

一方，不良品を良品と誤判定してしまうことによる損失が大きければ大きいほど（より安全性を重視すべき状況であればあるほど），C_1/C_2 の値も大きくなるが，それでもかなり小さな値となっている。したがって，より安全性を重視すべき状況においては様式 1 の有効性が高まるが，その場合でもラインでの QC のコストが非常に小さい値であることが必須条件となるのである。

さらに，p_{11}, p_{12}, p_{21}, p_{22} の大小関係の変動によって C_1 と C_2 に与える影響を分析するために，筆者ら[15.6]は $p_{11} = p_{21} = p$, $p_{12} = p_{22} = kp$（ただし，$0 < k < 1/p$）という簡素化した条件を設定することにより，(15.6) 式を (15.7) 式のように変換している。

$$C_1 = \{P(1-p) + kp(1-P)\} C_2 + \{p(ak-p) + pP(p-ak) - ak^2 p^2 (1-P)\} UN \qquad (15.7)$$

その上で，(15.7) 式に対して，$P = 0.90$, 0.92, $p = 0.95$, 0.96, $U = 800$, $1,000$, $1,200$, $N = 100,000$, $k = 0.95$, 1.00, 1.05 の値を設定し，$C_2 = V(1-P)N/2$ で，$a = 5$, 10, 15, 20 の組合せによって，C_1 と C_2 の関係を分析してみると，k と U の設定値が異なることによる，各パターンの分析結果（C_1/C_2）の変化は，図 15.2 〜図 15.7 のようになる[15.6]。

これらの図を比較すると，様式 1 と様式 2 の優位性が等しくなる（$T_2 = T_1$）ような C_1/C_2 は，当然のことながら，k の値が小さいほど，また U の値が大きいほど，大きい値となり，かつ U の変化よりも，k の変化による影響を大きく受けていることがわかる。特に，$k = 1.05$ のとき（図 15.4）は U と V の影響が小さく，なだらかな棒グラフの形状になっている。これは，様式 1

15章　品質管理における効率性と安全性の調和

と様式2の優位性・劣位性が，係数 k の値（すなわち，良品を良品と判定する正判定確率に対する，不良品を不良品と判定する正判定確率の大きさ）に強く依存することを意味しており，日本のような2段階のQC（様式1）が，不良品を不良品と判定する正判定確率が低い場合（例えば，$k=0.95$ のとき，図 15.2）に適していることがわかる。言い換えれば，こうした結果からも，日本型の「『2段階のQC』」は，不良品を良品と誤判定して出荷してしまうリスクを最小限に抑えようとするQCであることが示唆されるのである[15.6]。

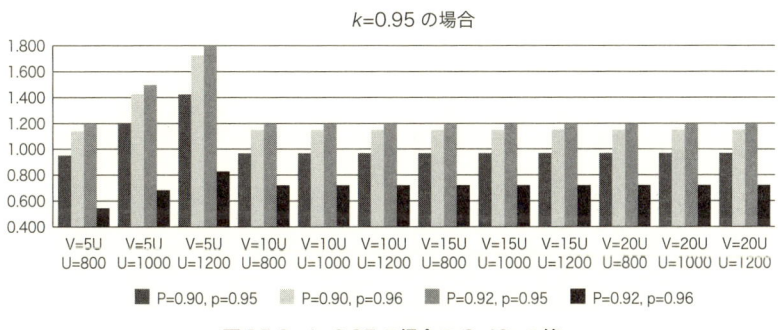

図 15.2　$k=0.95$ の場合の C_1/C_2 の値

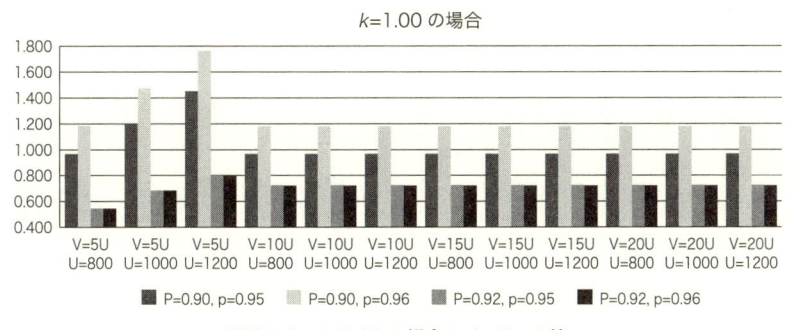

図 15.3　$k=1.00$ の場合の C_1/C_2 の値

第 3 部：バランシングの生産システム

$k=1.05$ の場合

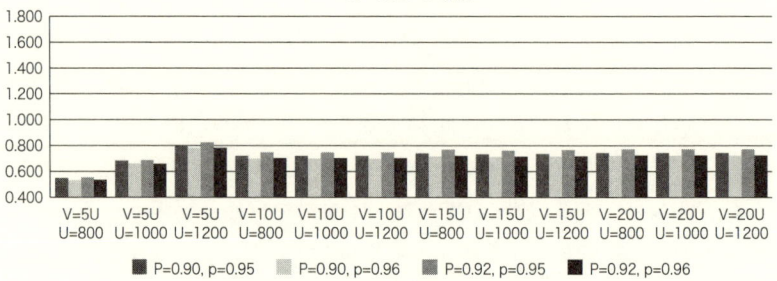

図 15.4　$k=1.05$ の場合の C_1/C_2 の値

$U=800$ の場合

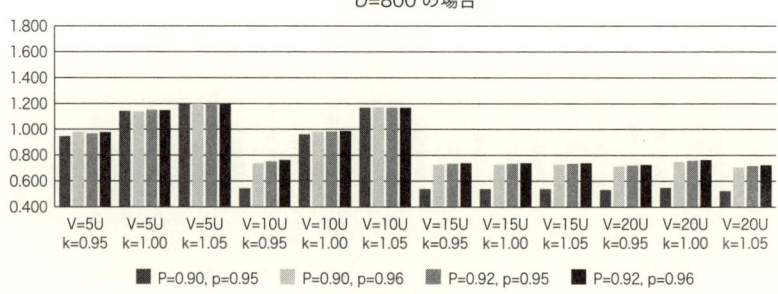

図 15.5　$U=800$ の場合の C_1/C_2 の値

$U=1000$ の場合

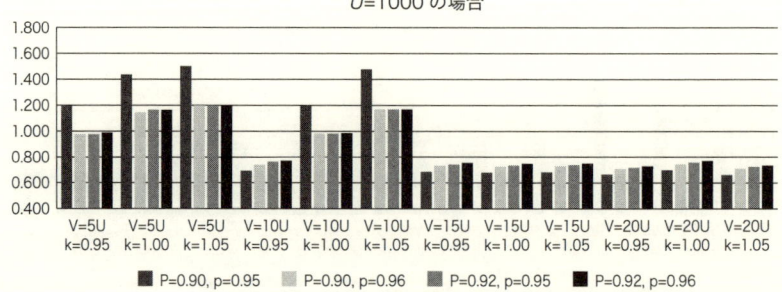

図 15.6　$U=1000$ の場合の C_1/C_2 の値

15 章　品質管理における効率性と安全性の調和

U=1200 の場合

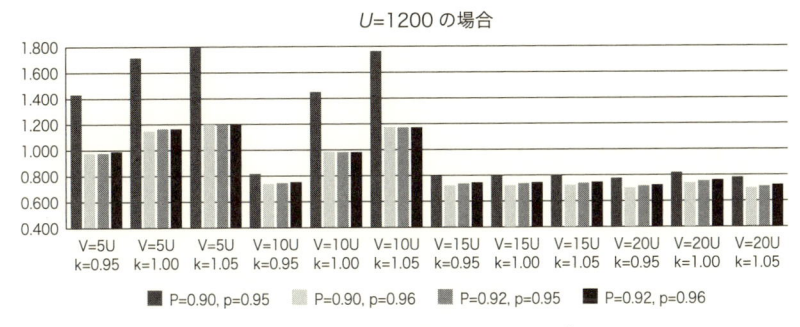

図 15.7　*U*=1200 の場合の C_1/C_2 の値

〈参考文献〉

[15.1]　柴川林也編『経営用語辞典』東洋経済新報社，1992 年。
[15.2]　山下洋史・金子勝一編著『情報化時代の経営システム』東京経済情報出版，2001 年。
[15.3]　波形克彦他編著『中小企業診断士試験 工鉱業科目 合格完全対策』経林書房，1996 年。
[15.4]　日本機械工学会編『機械工学便覧』丸善，1996 年。
[15.5]　都崎雅之助『経営工学概論』森北出版，1968 年。
[15.6]　臧巍・山下洋史・村山賢哉・山下遥「品質管理における効率性と安全性のトレードオフ問題」『日本経営システム学会誌』Vol. 30, No. 1, 2013 年, 7-14 ページ。

16章
MRPシステムとJITシステム

16.1 MRPシステムの概要

　MRPとは，Materials Requirements Planning（資材所要量計画）を意味し，そのためのシステム，すなわち「資材所要量計画システム」が狭義のMRPシステムに相当する。しかしながら，生産管理システムとしてのMRPシステムは，この「資材所要量計画」を核としながらも，在庫管理，資材・購買管理，原価管理，技術情報等を含んだ総合的なシステムである[16.1]。MRPシステムも，本章で後述するJITシステムと同様に，必要なものを必要なときに必要な分だけ作るという「ジャスト・イン・タイム」の思想に基づいている。

　MRPシステムの最大の特徴は，製品の計画のみをコンピュータに与えて，部品や原材料はコンピュータの計算する資材所要量計画（狭義のMRP）に従うことである[16.1]。これにより，必要なもの以外は作らせない，また必要なものであっても必要なときにしか作らせない，ということを徹底し，むだな仕掛り在庫を生じさせないようにするのである。ここで，「作らない」ではなく，「作らせない」としているところが重要である。それは，MRPシステムが現場（ライン）に対するコントロール色の強い生産管理システムであることを意味するからである（この点に関しては，16.4節の「MRPシステムの二重の垂直性」で詳しく述べることにする）。

　上で述べたような製品と部品・原材料との間の計画方法の違いは，MRPシステムにおける独立需要品目と従属需要品目の違いに相当する。ここで，「独立需要品目」が，その品目の需要が他の品目の需要とは独立に発生する品目であるのに対して，「従属需要品目」は，その品目よりも結合レベルの

高い品目(後工程)に従った(従属した)需要となっている品目を意味する点が重要である。すなわち,最終製品は独立需要品目であり,受注または需要予測に従って,計画部門がその計画(後述の「基準生産計画」; MPS)を作成することになる。一方で,従属需要品目の計画は,コンピュータがMPSを基に所要量計算することにより,自動的に作成される。

　ここで注意すべきことは,従属需要品目の計画作成を「自動化」することがMRPシステムの主目的ではなく,自動的に作成することにより「独立需要品目が必要とするものだけを必要な分だけ必要な納期で生産するようにすること」を主目的としているという点である[16.2]。言い換えれば,不必要な従属需要品目の計画は作成されないということになる。これにより,ジャスト・イン・タイムの思想に基づいた生産計画が作成される。したがって,MRPシステムの運用としては,最終製品のみが独立需要品目で,それに使用される部品や原材料はすべて従属需要品目であることが望ましい。

　MRPシステムでは,上記のように「独立需要品目」の生産計画をコンピュータに与えれば,従属需要品目の計画は自動的に作成されるのであるが,その際にMRPシステムの計画ファイルに与える独立需要品目の生産計画は「基準生産計画」(MPS; Master Production Schedule)と呼ばれる。こうした独立需要品目のMPSのみが,人間による作成の許される生産計画であり,従属需要品目の生産計画についてはコンピュータ(MRPシステム)が自動的に(後述の「資材所要量計算」により)作成するため,人間による生産計画の作成は許されていない。これにより,独立需要品目が必要なもの(従属需要品目)を必要なときに必要な分だけ生産する,すなわちジャスト・イン・タイムのための生産計画が作成されるのである。

　MPSは,独立需要品目の需要と生産能力との「バランス」に従って作成されるため,従属需要品目の生産能力は基本的に考慮されない(これは,従属需要品目の生産能力を「無限大」と見なすことに相当する)。そこで,独立需要品目の生産を大きく混乱させるような従属需要品目が存在する場合は,その従属需要品目の生産能力を考慮したMPSを作成することもある。

16.2 MRPシステムにおける部品構成と資材所要量計算

MRPシステムにおいて，その核となる技術情報が，図16.1のような部品構成（B/M; Bill of Material）である[16.1]。B/Mは，各部品（および原材料）の結合レベルに合わせたツリー（木）構造となっており，これは「ストラクチャー」とも呼ばれる。B/Mには，部品の結合関係とともに，所要量計画を作成するための使用個数やリードタイム等の情報が登録される。こうしたB/Mの情報を基に，下記のような「資材所要量計算」の手順に従って生産計画（資材所要量計画）が作成される。

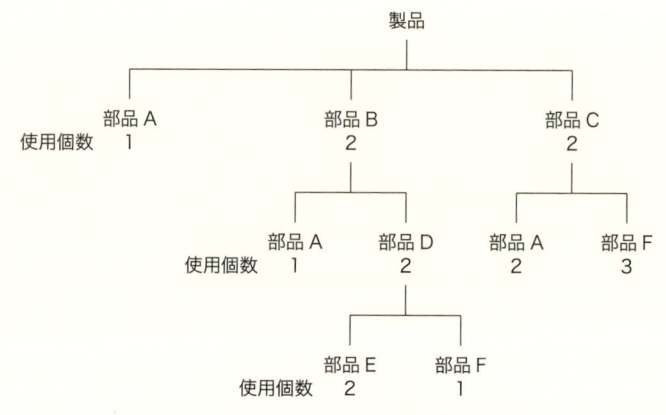

```
                       製品
         ┌──────────────┼──────────────┐
       部品A          部品B           部品C
使用個数 1             2               2
                  ┌────┴────┐     ┌────┴────┐
                部品A    部品D    部品A    部品F
使用個数          1        2        2        3
                       ┌────┴────┐
                     部品E     部品F
使用個数               2          1
```

図16.1　MRPシステムの部品構成（B/M）[16.1]

〈所要量計算の方法〉

ここではMRPシステムにおける資材所要量計算の簡単な例[16.1]を示すことにする。まず，図16.1のようなB/M（ストラクチャー）を持った製品の基準生産計画を，

　8月1日：500個，8月5日：300個，8月7日：100個

とする。このような場合に，MRPシステムにおける所要量計算の「基本例」として，部品A～部品Fの所要量を計算すると次のようになる[16.1]。ただ

16章　MRPシステムとJITシステム

し，すべての部品のリードタイムを2日とし，不良率・休日・在庫・発注残については考慮しないものとする。ここで「基本例」としているのは，これらの情報（不良率・休日・在庫・発注残）を考慮していないからであり，実際の所要量計算ではこうした条件を考慮するため，もう少し複雑な計算プロセスとなる。

【部品A】　7月28日：500個×2 ＋ 500個×2×2 ＝ 3,000個
　　　　　これは，部品Bの子部品Aと，部品Cの子部品Aの所要量であり，各部品のリードタイムが2日なので，8月2日－2日－2日＝7月28日となる。
　　　　　7月30日：500個
　　　　　8月1日：300個×2 ＋ 300個×2×2 ＝ 1,800個
　　　　　8月3日：300個 ＋ 100個×2 ＋ 100個×2×2 ＝ 900個
　　　　　8月5日：100個

【部品B】　7月30日：500個×2 ＝ 1,000個
　　　　　8月3日：300個×2 ＝ 600個
　　　　　8月5日：100個×2 ＝ 200個

【部品C】　7月30日：500個×2 ＝ 1,000個
　　　　　8月3日：300個×2 ＝ 600個
　　　　　8月5日：100個×2 ＝ 200個

【部品D】　7月28日：500個×2×2 ＝ 2,000個
　　　　　8月1日：300個×2×2 ＝ 1,200個
　　　　　8月3日：100個×2×2 ＝ 400個

【部品E】　7月26日：500個×2×2×2 ＝ 4,000個
　　　　　7月30日：300個×2×2×2 ＝ 2,400個

8月　1日：100個 ×2×2×2 = 800個

【部品F】　7月26日：500個 ×2×2 = 2,000個
　　　　　7月28日：500個 ×2×3 = 3,000個
　　　　　7月30日：300個 ×2×2 = 1,200個
　　　　　8月　1日：300個 ×2×3 ＋ 100個 ×2×2 = 2,200個
　　　　　8月　3日：100個 ×2×3 = 600個

16.3　資材所要量計画の変更

　MRPシステムは「事前計画主義」の立場をとっているため，後述するJITシステムとは異なり，最初に資材所要量計画が作成されてから実際の製造が完了するまでの期間が長く，その間に計画が変更されることが非常に多い。こうした計画変更の頻発は，生産を混乱させる要因となり，MRPシステムの円滑な運用を妨げる要因となってしまう。しかしながら，計画が実際の資材の生産能力や納入時期とかけ離れていては，かえって生産を混乱させることになるため，その場合は計画を変更せざるを得ない。そういった意味で，MRPシステムでは，前述の「従属需要品目の生産能力を考慮していない」ことに加えて，この「計画変更が非常に多い」ことが，大きな問題点となっているのである。

　こうした資材所要量計画の変更には，下記のように基準生産計画（MPS）の変更による要因と，それによらない要因とがあり，筆者[16.1]はこれらの要因を下記のように整理している。

1)　MPSの変更による資材所要量計画の変更

　基準生産計画（MPS）が変更になれば，当然のことながら，それに使用する部品や原材料（従属需要品目）の所要量計画も変更になる。この場合，その製品に使用される従属需要品目すべてが変更になるところに特徴がある。こうしたMPSに影響を与える要因を，筆者（山下[16.1], [16.2]）は以下の

①～⑤を指摘している．
① 受注が変更になった場合（飛び込み納期による変更が多い）
② 需要予測を変更した場合
③ 独立需要品目の生産能力を変更した場合
④ 稼働日が変更になった場合
⑤ 独立需要品目の生産ラインの生産実績が生産計画と大きくかけ離れた場合（生産計画よりも生産実績が少ない場合，そのままの計画では負荷を消化しきれなくなって納期遅れを起こすことになってしまうため，MPSを変更する．また，生産実績の方が多い場合も，そのままではラインが空いてしまうため，計画変更を行うことになる）

2） MPSの変更によらない資材所要量計画の変更

MRPシステムでは，MPSが変更されなくても，さまざまな要因により資材所要量計画が変更される．この場合は，MPSの変更による場合に比較して見落されやすいため，十分に注意する必要がある．それと同時に，こうした情報（変更）の徹底を図らなければならない．MPSが変更されていないにもかかわらず，資材所要量計画に変更を与える要因を整理すると，以下のようになる[16.1]．

① 設計変更があった場合
② 流れ仕損・不良分（実際の不良率は，予め設定した不良率の通りにはならないため，恒常的に発生する）
③ 従属需要品目のリードタイムが変更になった場合
④ 従属需要品目の生産ラインの稼働日が変更になった場合
⑤ 独立需要品目がMPS通りの順序で生産を行わない場合
⑥ 従属需要品目を単独で使用した場合（販売，サンプル，実験，サービス・パーツ等）
⑦ 棚卸誤差が生じた場合

上記の要因の中に，従属需要品目の生産能力の変更が含まれていない点に

注意を要する。それは，所要量展開において，従属需要品目の生産能力を考慮していない（無限大として取り扱っている）からである[16.1]。その背後には，最終製品のMPSが，その従属需要品目を必要とするならば，従属需要品目の生産能力のいかんにかかわらず，最終製品が必要とする数量と納期で従属需要品目を生産すべきであるという，MRPシステムの基本的考え方が存在する。これは，前述の「ジャスト・イン・タイム」に基づいた考え方であるが，こうしたMRPシステムのロジックが，計画と実績にギャップを生じさせやすいことも，また事実である。したがって，いかにこのギャップを埋めて，計画通りの生産を行うかが，MRPシステムにとっての大きな課題となる。

16.4　MRPシステムの「二重の垂直性」

MRPシステムでは，米国の組織に典型的なヒエラルキー・コントロール[16.3]と同様に，製品を構成する部品や原材料（すなわち，従属需要品目，以下では単に「部品」と呼ぶことにする）の計画も，ヒエラルキーの頂点に位置する製品の基準生産計画（MPS）に従って作成される。各部品は，その結合レベルに基づいて図16.1のようなヒエラルキーを構成しており，すべての部品が結合されたレベル（すなわち，ヒエラルキーの頂点）に製品が位置する。そして，製品（すなわち，独立需要品目）のMPSが，前述のように，人間による作成の許される唯一の計画であり，各部品の計画はこのMPSに使用個数やリードタイム等を加味して，コンピュータにより自動的に作成される。

さらに，上記のMPSを作成する部門も，一般に組織の頂点に位置するセンター部門であり，その意味からMRPシステムは「二重に垂直的」である[16.2]。ここで「二重に垂直的」であるのは，MRPシステムにおける業務プロセスが垂直的なヒエラルキー・コントロールに従っていると同時に，製品の構成部品もまたMPSによるヒエラルキー・コントロールに従っているためである[16.4]。筆者（山下[16.5]）は，これをMRPシステムの「二重の垂

直性」と呼んでいる．

　米国の企業では，組織全体の最適性を維持すべく，ヒエラルキーの頂点に位置するセンター部門が，組織の末端に位置する実行部門をコントロールするという業務プロセス（垂直的ヒエラルキー・コントロール）が一般的であり，その意味から MRP システムは米国の垂直的ヒエラルキー・コントロールを基軸にした生産管理システムとして位置づけられるのである．

16.5　JIT システムの概要

　「JIT システム」あるいは「ジャスト・イン・タイム生産方式」は，必要なものを必要なときに必要なだけ生産すること（ジャスト・イン・タイム）により在庫を削減し，各種のトラブルや需要変動に対して柔軟に対応していくことをめざした生産管理システムである．JIT システムは，日本のトヨタ自動車で生まれたため，日本の組織特性を強く反映したシステムであり，「トヨタ生産方式」，「トヨタ生産システム」と呼ばれたり，後述の「かんばん」が重要な役割を果たすため「かんばん方式」と呼ばれたりもする．「JIT」は Just In Time を意味するが，これは和製英語であり，英語の本来的な表現は Just On Time である．しかしながら，生産管理システムとしての JIT システムが欧米でも広く知られるようになったため，今では Just In Time の呼称が欧米にも浸透している．

　JIT システムを支える基本的な概念が，以下で述べる「同期化」と「自働化」であり，「自働化」は，「自動化」と区別するために「ニンベンのついたジドウカ」とも呼ばれる．

1)　同期化（シンクロナイゼーション）

　「同期化」は，前工程と後工程の生産のタイミングを合わせ込むことにより，仕掛り在庫を限りなくゼロに近づけようとする概念である．また，これが最終製品の場合には，その後工程は市場と考えることができるため，市場での販売と製品の組立を同期化して，製品在庫を限りなくゼロに近づけよう

とすることを意味する。

　そこで，JITシステムではタイムバケット（例えば1カ月）の需要をまとめて生産するのではなく，需要のスピードに合わせた「平準化生産」を行うことになる。また，小ロット生産とそれに対応するための段取り時間の短縮，U字ラインとそのための多能工化，過早納入を防止するための後工程引き取り方式（引っ張り方式）といった方策により，ジャスト・イン・タイム生産の実現を図っている。

2) 自働化（ニンベンのついたジドウカ）

　JITシステムにおいて，機械が単に「動く」のではなく，機械が自ら不良品やトラブルを認識して停止することを「自働化」と呼んでいる。単なる「自動化」では，このような場合，機械が「動き」続けて不良品の山を作ってしまうことになるが，自働化された機械であればこれを未然に防止することができる。すなわち，機械の故障や品質不良の影響を最小限に抑えることにより，むだなコストと生産の混乱を防止するのである。

　一方，完成品組立の工程は一般に手作業が中心となるため，上記のような（機械の）自働化とは別に，JITシステムでは「もう一つ自働化」[16.6]の概念が提示されている。これは，ラインの異常が発生したならば，作業者自身が停止ボタンを押してラインを止めることによりトラブルを最小限の範囲に抑えようとする概念である。そこで，品質は自工程で作り込むという考え方（これは，「品質管理の作り込み」と呼ばれる）を徹底することで，不良品を後工程に送らないようにしている。さらに，故障やチョコ停を防止するための十分な設備保全を行い，簡単な機械の故障は自分で対応するとともに，目で見る管理（例えば，後述の「かんばん」や「あんどん」）の徹底を図っている。

　さらに，筆者（山下[16.2]）は，こうした「もう一つの自働化」を拡張することにより，組立作業に限らない「(人間の) 自働化」の概念を提示している。この概念は，上記のような組立作業（ライン）のみならず，スタッフを含めた全従業員を対象とする概念であり，他人や機械に頼るのではなく，自

分で働いて問題を解決することにより，環境の変化やトラブルに自ら迅速かつ柔軟に（アジルに）対応することの重要性を示すものである。

16.6　JITシステムにおける同期化生産のためのアプローチ

ここでは，JITシステムにおける同期化生産，すなわちジャスト・イン・タイム生産を実現するために，主として現場での改善から生まれた「平準化生産」「後工程引き取り方式」「かんばん」「あんどん」「1個流し生産」について，筆者の先行研究[16.2]に従って概説していくことにしよう。

1) 平準化生産

平準化生産は，JITシステムを導入し，在庫をゼロに近づけるための最も重要な前提条件である。これにより，需要のスピードに合わせた生産を維持することになるため，もし需要のスピードが一定であれば在庫をゼロにすることができる。現実には，需要には変動があるため，在庫を完全にゼロにすることはできないが，ある期間（タイム・バケット）の需要をまとめて生産する場合に比較して，非常に少ない在庫でタイムリーな供給を行うことができる。

また，上記のような効果に加えて，後工程における引き取り量のバラツキを最小限に抑えることになり，このことが前工程での安定した生産を可能にするため，作業者や設備・機械の遊休時間が減少するという効果が生まれる。さらに，まとめて作ってからまとめて後工程に送ると，まとめて作る分だけ多くの時間がかかるのに対して，平準化生産では，一日の需要量に合わせて生産を行うため，生産リードタイムが大幅に短縮される。こうした生産リードタイムの短縮が，需要の変化に対するアジルな対応を可能にするのである。

2) 後工程引き取り方式

後工程引き取り方式は，後工程が必要なものを必要なときに必要な分だけ

前工程に引取りに行く方式である。通常の取引（例えばMRPシステム）では，前工程が後工程に部品を納品するのであるが，これは「プッシュ（押出し）方式」と呼ばれる。これに対して，JITシステムの後工程引き取り方式は「プル（引っ張り）方式」と呼ばれる。

　通常のプッシュ方式では，前工程が納期よりも早く納品（過早納入）してきた場合，それを拒否することは（特に，人間関係を重視する日本では）難しいため，過早納入がどうしても多くなってしまう。これに対して，後工程引き取り方式では，後工程が必要なときに前工程に引き取りに行くため，基本的には過早納入が発生しない。このことが，仕掛り在庫の削減に大きく寄与するのである。

3）　かんばん

　JITシステムにおいて，情報の伝達は主として「かんばん」によって行われる。そのため，JITシステムは「かんばん方式」あるいは「かんばんシステム」とも呼ばれる。こうしたJITシステムに用いられるかんばんには「生産指示かんばん」と「引き取りかんばん」の2種類がある。

　生産指示かんばんは，生産した部品とともに工程内を流れるかんばんである。後工程の運搬係（水すまし）は，前工程の部品を引き取りに行ったときに，前工程の生産指示かんばんを部品の箱から外してポストに入れておく。前工程では，このポストからかんばんを取り出し，ポストに投入された順に生産を行うことになる。その際，上記の生産指示かんばんは，生産する部品とセットで工程内を流れ，工程内の生産が完了した部品とかんばんはその工程のストアに置かれる。そして，後工程の運搬係が引き取りに来たときに再びかんばんは外されポストに投入されることになる。

　一方，引き取りかんばんは，後工程が引き取った部品とともに工程間を流れることになる。引き取りかんばんは，後工程がその部品を使用するときに外され，引き取りかんばんのポストに投入される。後工程の運搬係は，部品を引き取りに行く際にこのポストからかんばんを取り出し，空箱とかんばんをセットにして前工程に向かう。そして，前工程のストアから部品を引き

16章　MRPシステムとJITシステム

取ってくるときには，生産指示かんばんと引き取りかんばんを差し替えて生産指示かんばんをポストに入れ，部品と引き取りかんばんをセットにして後工程に運ぶのである。

　このように，JITシステムではモノ（部品）と情報（かんばん）が一体化・同期化しているところに特徴があり，実質的にかんばんは生産指示書（生産指示かんばん）と納品書（引き取りかんばん）の役割を果たしている。しかも，それが伝票でなく「かんばん」であることが，「目で見る管理」に対して大きく貢献することになる。こうした「かんばん」と下記の「あんどん」による目で見る管理が，工程内および工程間での情報共有を容易にするのである。さらに，こうした「情報共有」がJITシステムにおいてコミュニケーション・ロスを防止する役割を果たしている[16.1]。

4）あんどん

　「あんどん」は，工程内の作業状態（進度，異常，呼び出し等）が，工程内あるいは工場内のすべての人にわかるように，天井から吊り下げられたパネルであり，こうした作業状態はランプの点灯によって表示される。この「あんどん」は「かんばん」とともに，JITシステムにおける「目で見る管理」の中心的役割を果たしている。また，その名称の奇抜さから，かんばんと同様に海外でも広く知られている[16.6]。

　あんどんは，その利用目的から「進度あんどん」「異常あんどん」「呼び出しあんどん」「稼動あんどん」に分類される。進度あんどんは工程内での作業の進度を，異常あんどんは不良・機械故障・欠品等の異常が発生したことを，それぞれ知らせるあんどんであり，これにより異常に対するアジルな対応を可能にしている。また，呼び出しあんどんはオペレータや運搬係（水すまし）を呼び出すためのあんどんであり，それぞれ「オペレータ呼び出しあんどん」「水すまし呼び出しあんどん」と呼ばれる。さらに，稼動あんどんは工程内の機械の稼動状況を知らせるあんどんであり，これにより稼動中の機械と稼動していない機械を一目で把握することができる。

　以上のような各種あんどんにより，作業に必要な情報を工場内の全員で共

有することができ，JIT システムにおいて重視される「目で見る管理」の徹底を図っているのである[16.1]。

5) 1個流し生産

JIT システムの平準化生産と小ロット生産を突き詰めていくと，最終的に 1 個流しの生産へと辿り着く。JIT システムのめざす無在庫生産と生産リードタイムの最小化は，全工程が 1 個ずつ生産してそれを後工程に流すときに最も理想に近い状態となる。これが「1 個流し生産」である。

例えば，ある製品に 5 つの工程があり，それぞれの工程は 1 時間に 60 個の生産数であったとすれば，各工程が 60 個生産してから後工程に渡す場合，最初の工程の生産が始まってから最終製品が 1 個完成するまでに 60 分 × 4 ＋ 1 分＝ 241 分の時間を要するが，1 個ずつ後工程に流す場合は，1 分 × 5 ＝ 5 分のみで完成することになる。

また，まとめて流す場合は 60 個目の生産が終わるまでの間，その工程に仕掛り在庫が残るのに対して，1 個流し生産では仕掛り在庫が残らない。これらが，1 個流し生産の大きな利点となるのである。

16.7　JIT システムと MRP システムの比較

ここまで述べてきたように，JIT システムと MRP システムがともにジャスト・イン・タイムの考え方を基本にしている点で両者の思想は一致しているが，そのためのアプローチの方法が多くの面において異なるため，両者があたかも対立した概念であるかのように認識されることも多い。そこで，筆者（山下[16.1], [16.2]）は両者のアプローチを比較し，その違いを下記のように整理している。

① JIT システム（以下「JIT」と省略する）では，後工程の需要・消費があってから，かんばんが外され，それが前工程の生産指示となるのに対して，MRP システム（以下「MRP」と省略する）では事前に詳細の計画を決定し生産指示を行っている。

② JITでは前工程が後工程の生産に従うという関係が連鎖的につながっているのに対し，MRPではB/M（ストラクチャー）におけるヒエラルキーの頂点に位置する製品の計画に基づいて，すべての部品や工程の生産指示がなされる。
③ JITが「かんばん」による「目で見る管理」を基本としているのに対して，MRPではこれを特に前提としていない。
④ JITが実行部門への権限委譲による現場での作業コーディネーションを基本としているのに対して，MRPではセンターの事務部門でのヒエラルキー・コントロールを基本としている。
⑤ JITが工程ごとに生産計画（かんばん）を分ける「工程中心主義」であるのに対して，MRPは後工程が異なっていても同一納期・同一品目であれば品目単位で生産計画（資材所要量計画）をまとめる「品目中心主義」である。
⑥ JITでは現物と情報が一体化・同期化されているのに対し，MRPではモノの流れと情報の流れは分離されている。
⑦ JITが工程間の直送を前提としているのに対し，MRPではすべての品目を集中倉庫に一度納入し，工程ごとに箱詰めしてから出庫することを前提としている。
⑧ JITが後工程引取り方式（引張り方式，プル方式）を前提としているのに対し，MRPでは前工程による集中倉庫への納入（押し出し方式，プッシュ方式）を前提としている。
⑨ JITが製造システム中心の管理であるのに対し，MRPは情報システム中心の管理である。

このようなJITシステムとMRPシステムの間に存在する多くの相違点の背景には，両システムを運用する組織の違い，とりわけ日本と米国の「組織特性」の違いがあるものと思われる。

JITシステムでは，センターで作成される計画は大枠を規定するにすぎず[16.3]，実際の作業は実行部門で作成される「かんばん」に従っているため，かんばんが事実上の実行計画として位置づけられる。その意味から，米

国型の垂直的なヒエラルキー・コントロール[16.3]の拘束力は弱く，詳細の計画機能はセンターから末端の工程に権限委譲されている．すなわち，前述のような生産指示かんばんと引き取りかんばんにより，日本型の水平的な作業コーディネーションが展開されているのである．しかも，かんばんは上記のような生産（実行）計画であるだけではなく，実質的な注文書であり，納品書であり，目でみる管理の情報伝達ツールでもある．このように，JITシステムは，日本の組織において典型的な水平的な作業コーディネーションの上に成立しており，その意味から日本の組織に適合したシステムであるといえよう．

これに対して，MRPシステムでは，米国の組織で典型的なヒエラルキー・コントロールと同様に，製品を構成する部品はヒエラルキーの頂点に位置する製品の基準生産計画（MPS）に従って生産されている．また，このMPSを作成する部門も，一般的に組織のヒエラルキーにおいて，その頂点に位置するセンター部門である．すなわち，MRPシステムは，部品の構成（B/M）と組織運営の両面で垂直的であるという意味において，前述のように「二重に垂直的」[16.2]であり，米国型の「垂直的ヒエラルキー・コントロール」[16.3]に適合したシステムなのである．

〈参考文献〉
[16.1]　山下洋史『情報管理の基礎』東京経済情報出版，2007年．
[16.2]　山下洋史『情報管理と経営工学』経林書房，1999年．
[16.3]　青木昌彦『日本企業の組織と情報』東洋経済新報社，1989年．
[16.4]　山下洋史編著『OJC（On the Job Computing；職場内コンピューティング）』経林書房，1998年．
[16.5]　金子勝一・山下洋史「情報の活性化と透明化に関する研究」『日本経営システム学会誌』Vol. 14, No. 2, 1998年，85-90ページ．
[16.6]　平野裕之『JIT導入100のQ＆A』日刊工業新聞社，1989年．

17章
循環型生産システムと環境志向型クォリティ

17.1 物理的クォリティから環境志向型クォリティへ

　近年，企業の社会的責任（CSR; Corporate Social Responsibility）がクローズアップされ，これまでの利益優先の（低エネルギーの）経営から，社会的貢献や環境対応にも配慮した（高エントロピーの）経営へのシフトの必要性が叫ばれている。こうした中，2008年に相次いで明るみになった製紙業界各社の古紙含有率の偽装は，従来の「品質」概念を変える特徴的な事件であった。これらの偽装を行った企業では，本来ならば，郵便年賀はがきの古紙含有率を40〜50％にしなければならないにもかかわらず，1〜5％しか古紙を含ませていなかったのである。その後，郵便年賀はがきのみならず，他の再生紙でも偽装を繰り返していたことが発覚し，社会の信頼を大きく低下させてしまった。このような偽装の背景には，新紙よりも古紙を利用する方が高コストになってしまい，新紙と同コストで品質を維持することは難しいという要因があったのであるが，日本の技術水準からすれば企業努力によって十分に対応可能なはずであり，ここからも環境問題への対応の不十分さと，企業の社会的責任（CSR）に対する認識の甘さが推測される。

　こうした製紙業界における古紙含有率偽装事件で注目すべき点は，「高い品質を維持しようとすること」が反社会的な企業行動となるという，従来の「品質」概念をくつがえすような事件であったことである。すなわち，従来であれば，古紙でなく「新紙」を使用して高品質の紙を製造することは明らかに好ましい企業行動であったのに対し，それが全く反対の反社会的な企業行動として位置づけられるようになったのである。

　こうした「品質」概念に対する正反対の価値観を生み出す要因は，社会に

おける環境問題への意識の高揚にあるように思われる。従来のクォリティは，表面の滑らかさや色の統一性，強度等，「物理的」なクォリティであったが，環境問題がクローズアップされる現在のクォリティには，これらに加えて「環境に対する優しさ」が求められるようになったのである。従来のクォリティの中心が「物理的クォリティ」にあったのに対し，現在のクォリティには，これに加えて「環境に対する優しさ」が要求されるようになったと考えるわけである。このように「環境に対する優しさ」を重視したクォリティを，筆者ら[17.1], [17.2]は「環境志向型クォリティ」と呼んでいる。物理的クォリティと環境志向型クォリティとは，トレードオフの関係になることも多く，製紙業界における偽装は残念ながらこうしたトレードオフが表面化する構図となってしまった典型的な事例として位置づけられる（ただし，上記のように「コストの上昇を抑えて」という制約条件のもとでのトレードオフであることに注意を要する）。そうであるからこそ，この難しい課題の両立が求められるのである。

　品質（クォリティ）に対する，上記のような考え方の変化は，まさしく社会的なパラダイム・シフトであり，本章ではこれを「物理的クォリティ」から「環境志向型クォリティ」へのパラダイム・シフト[17.1]として位置づけることにする。古紙含有率の偽装問題を引き起こした製紙業界各社は，物理的クォリティを優先する従来のパラダイムから脱却しきれていなかったのである。このことが（物理的）クォリティを優先しているので許されるであろうという甘えにつながり，環境問題に対する社会的コンセンサスと製紙業界の価値観との間に明らかな「ズレ」を生じさせる結果となってしまった。

　現在は，まさに品質（クォリティ）に関するパラダイム・シフトの過渡期にあり，環境問題を重視する社会的コンセンサスが形成されつつあるにもかかわらず，それを認識していない企業が少なからず存在する。そこで，こうしたパラダイム・シフトを明確にし，従来の品質（物理的クォリティ）と新たに求められるクォリティ（環境志向型クォリティ）の違いと変化をしっかりと認識することが，現在の企業に要求されるのである。

17.2 環境の内部化と3R（リデュース，リユース，リサイクル）

前節でも述べたように，現在はまさに「物理的クォリティから環境志向型クォリティへ」の過渡期にある。これは，地球の限りある資源を浪費することによる環境劣化や資源枯渇が深刻化しつつあるという危機感が増大していることを意味する。こうした「地球環境問題」に対し，鷲田[17.3]は「環境の内部化と外部化」の概念からのアプローチを試みている。これによれば，従来の社会経済システムにおいて，環境はシステムの外部に置かれ（環境の外部化），こうした立場が現在の環境問題へとつながっているとされる。したがって，現在の環境問題の根源はまさに「環境の外部化」の意識にあり，この問題を解決していくためには，これまで社会経済システムの外部に置かれてきた環境の経済的機能・文化的機能をその内部に取り込むこと（すなわち「環境の内部化」）が必須条件となる。

一方，近年の環境問題において「3R」が1つのキーワードとなっている。これ（3R）は，経済産業省が中心となって提唱している，環境と経済が両立した循環型社会を形成していくための活動であり，3つのR，すなわち，

① リデュース（Reduce）：資源の摂取を抑制する設計
② リユース（Reuse）　：消費者による再使用
③ リサイクル（Recycle）：生産者による再使用

という3つの活動の頭文字を意味する。①のリデュースは資源の摂取を最小限に抑えるような生産システムの構築をめざす取り組みであり，②のリユースは，空きビンの殺菌洗浄処理による再使用に代表されるように，消費者にとって不要となったものを他の消費者が再使用するといった取り組みである。そして③のリサイクルは，使用済みのものを生産工程に戻し，再利用する取り組みである。そういった意味で，現在の環境問題に対して3Rの果たすべき役割は非常に大きい。

17.3 資源循環の概念モデル

これまで,あまり目を向けられてこなかった「環境の内部化」[17.3] の重要性についての概念的把握を容易にするために,大野・葛山・山下[17.4] は図 17.1 のような「資源循環の概念モデル」を提案している。このモデルでは,地球が「自然空間」と「社会空間」によって構成されていることを仮定し,自然空間を「それ自体では目的律を持たない物質および生物によって構成される空間」として,また社会空間を「それ自体の目的律に基づいた行動をとる人間および組織によって構成される空間」として位置づけている。

図 17.1 の社会空間では,その構成要素(生産者と消費者)の目的に合致した価値を創造するために,自然空間から資源を摂取する。また,逆に社会空間で不要になった(価値を消費した)ものを自然空間に排出する。すなわ

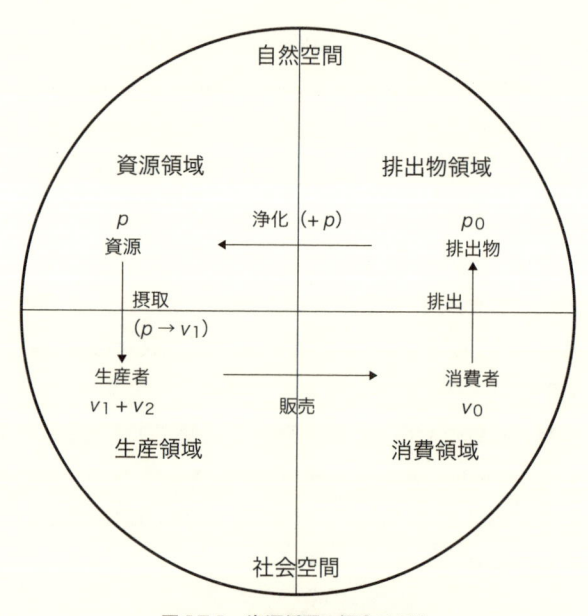

図17.1 資源循環の概念モデル
(出所:大野・葛山・山下 [17.4])

ち，社会空間には「価値の創造」と「価値の消費」の側面があり，それぞれ自然空間に対して摂取・排出といった働きかけを行っているのである。このような考え方に基づけば，社会空間を，そこでの目的に合致した価値を創造する「生産領域」と，価値を消費する「消費領域」とに分割することができる。そして，これら2つの領域における行動の主体がそれぞれ生産者と消費者なのである。

さらに，自然空間については，社会空間からの摂取を受ける「資源領域」と排出を受ける「排出物領域」に分割される[17.4]。前者の構成要素が「資源」であり，後者の構成要素は「排出物」である。こうして概念的に分割された4つの領域において，資源は自然空間と社会空間を舞台に，資源領域 ⇒ 生産領域 ⇒ 消費領域 ⇒ 排出物領域 ⇒ 資源領域といった循環システムを構成しているのである。図17.1から明らかなように，資源が有しているポテンシャル p は，社会空間に摂取される際に価値 v_1 に変換され，それに生産者が新たな価値（付加価値 v_2）を加えた後，消費者によって消費され（v_0），自然空間に排出される。これまで自然空間では，それ自体の「浄化」により資源領域と排出物領域のバランスを保ってきたのであるが，今日の環境問題の多くはこの「排出物領域」で発生している。すなわち，排出物領域の肥大化により，こうした自然空間のバランスが崩れつつあるところに今日の環境問題の本質が横たわっているのである。

図17.1の概念モデルにおいて，自然空間から社会空間への資源の摂取は「資源の内部化」を，また社会空間から自然空間への排出は「環境の外部化」[17.2]を，それぞれ意味する。こうした社会空間からの摂取と排出に対して，これまでは自然空間内での自然浄化により排出物領域の肥大化を防いできたと同時に，社会空間の構成員が摂取すべき資源を確保してきた。そこで，現在まさに問題となっているのが「環境の外部化」である。それは，社会空間で価値を消費した後の排出物を自然空間に移動させること（環境の外部化）により，自らの生産活動および消費活動を最小のコストで行ってきたことが排出物領域を肥大化させる結果を導いてしまっているからである。

現在の地球環境問題を考えたときに，自然浄化が摂取・排出の速度に追い

つかなくなっていることは明らかである。したがって，「排出物 ⇒ 資源」の変換（ポテンシャルの付加；$+p$）の際に，自然空間での浄化（自然浄化）のみでは不十分な分の浄化を人為的に行うことが必要である。言い換えれば，人為浄化によってポテンシャルを付加すること，またはそのためのコストを負担することが生産者と消費者の責務となるのである[17.5]。

ここで，「人為的」であるということは，自然空間でなく社会空間での行為を意味する。価値を消費した排出物をそのまま自然空間に排出するのではなく，社会空間内で浄化するのである。このことは，自然空間の機能（排出物の浄化）の一部を社会空間に取り込むことを意味する。このような人為浄化を徹底すれば，自然空間への排出は自然浄化が可能な分のみとなる（理想論ではあるが）。

上記のような社会空間内への排出物浄化の取り込みは，社会経済システムの内部の活動として排出物の浄化を認識するという意味で，鷲田[17.3]の言う「環境の内部化」に相当する。これまで，環境は自然空間（社会空間の外部）に位置づけられ，社会空間とは切り離して考えられてきた。しかし，社会空間への環境の取り込み（環境の内部化）を行わない限り，急速に深刻化している今日の環境問題を解決することはできないとの認識を，社会空間のすべての構成員（生産者・消費者）が持つべき時期に来ているのである[17.5]。

一方，前節で述べた3Rの役割を，**図17.1**の概念モデルの枠組みで考えてみると，①のリデュースは排出物の発生を最小限に抑えるよう，資源領域から生産領域への摂取を抑制する活動として位置づけることができる。また，②のリユースは主観的価値を消費し排出されるべきものに手を加えない状態で再使用する活動として，また③のリサイクルはそれを分解・溶融などの生産過程を経由して再利用する活動として捉えることができる。すなわち，リサイクルは消費領域から排出物領域へと移動されるべき使用済み製品を，再び生産領域に移動したうえで，生産活動によって価値を付加し，それを消費者に販売する活動として位置づけることができるのである。

17章　循環型生産システムと環境志向型クォリティ

17.4　資源循環における領域推移の分析モデル

筆者ら[17.6]は，図 17.1 の「資源循環の概念モデル」[17.4]における 4 つの領域（資源領域，生産領域，消費領域，排出物領域）に存在する，それぞれ資源量 a・在庫量 b・活用量 c・排出物量 d の間の推移を捉えるべく，以下で述べるような分析モデルを提案している。

まず，上記の 4 つの量（状態量）を要素とするベクトル $S = (a, b, c, d)$ を，状態ベクトル（state vector）と呼ぶことにする。このとき，これらの各要素は，(17.1) 式の領域推移確率行列 $P = (p_{ij})$ に従って，図 17.2 のように領域 i から領域 j へと推移するものとする。

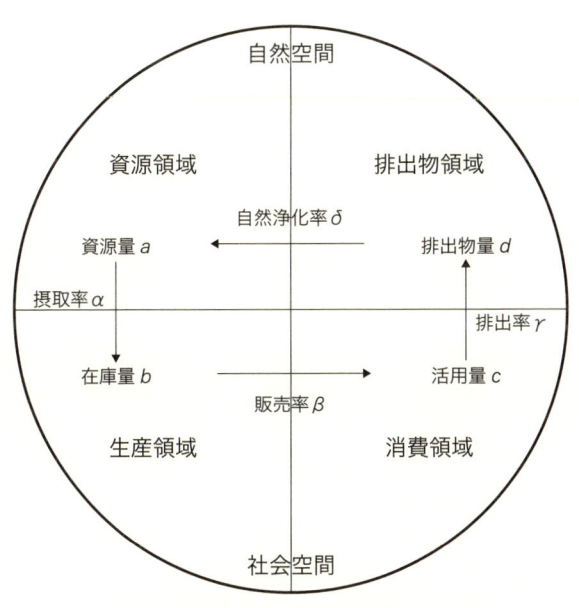

図 17.2 領域推移確率を考慮した資源循環の概念モデル
（出所：山下・鄭[17.6]）

$$P = \begin{pmatrix} 1-\alpha & \alpha & 0 & 0 \\ 0 & 1-\beta & \beta & 0 \\ 0 & 0 & 1-\gamma & \gamma \\ \delta & 0 & 0 & 1-\delta \end{pmatrix} \quad (17.1)$$

このとき，時刻 t での状態ベクトルを $S(t)$ とし，領域推移確率行列 P が時刻 t に対して一定であると仮定すれば，状態ベクトル $S(t)$ は次のように表される．

$$S(t+1) = S(t) \cdot P \quad (17.2)$$

次に，こうした領域間推移を無限に繰り返したとき（$t \to \infty$）の状態ベクトル $S(\infty)$ について考えてみよう．この場合の $S(\infty)$ を，ここでは S^* で表すことにし，これを筆者ら[17.6]と同様に「定常状態ベクトル」と呼ぶことにする．もし，状態ベクトル $S(t)$ が周期性を持たずに収束するとすれば（このような場合が一般的である），定常状態ベクトル S^* は下式を満足するため，マルコフ連鎖における「推移確率行列（通信路行列）と固有ベクトル」の問題と全く同様の問題となる．

$$S^* = \lim_{t \to \infty} S(0) \cdot P^t = S^* \cdot P \quad (17.3)$$

したがって，定常状態ベクトル S^* の解は固有値問題に帰着し，(17.3) 式を満たす S^* は，領域推移確率行列 P の最大固有値（= 1）に対する固有ベクトルとして与えられるのである[17.7]．

17.5 「3R 行列」の導入

ここでは，前節で述べた「領域推移の分析モデル」[17.6]に対して，3R の効果の定量的分析を試みるべく，下記のような 3R（リデュース，リユース，リサイクル）の影響を表す「3R 行列」を導入した拡張モデル[17.8]を紹介していくことにしよう．

17章　循環型生産システムと環境志向型クォリティ

そこで，まずリデュースによる資源領域から生産領域への摂取率の減少分を u，リユースによる消費領域から排出物領域への排出率の減少分を v，またリサイクルによる消費領域から生産領域への領域推移確率を w で表すことにする。このとき，3R行列 R を領域推移確率行列 P と同様の4行4列の行列とすれば，R は下記のようになる[17.8]。

$$R = \begin{pmatrix} u & -u & 0 & 0 \\ 0 & 0 & 0 & 0 \\ 0 & w & v & -v-w \\ 0 & 0 & 0 & 0 \end{pmatrix} \quad (17.4)$$

上記の3R行列 R は，社会空間において3R活動を展開することにより，4つの領域間の状態推移が R の要素の分だけ増減することを示している。したがって，3R活動を展開したときの領域間の状態推移確率は，領域推移確率行列 P と3R行列 R の和によって表され，P と R が時刻 t に対して一定であると仮定すれば，時刻 t での状態ベクトル $S(t)$ は（17.5）式のようになる。

$$S(t) = S(0) \cdot (P+R)^t \quad (17.5)$$

このモデルにおける領域推移の過程は，前節の議論と同様にマルコフ連鎖を形成しているため，定常状態ベクトル S^* の解は行列 $(P+R)$ の固有値問題に帰着し，（17.5）式を満たす S^* は，行列 $(P+R)$ の最大固有値（＝1）に対する固有ベクトル（その要素の和が1となるように基準化した確率ベクトル）として与えられることになる。

〈参考文献〉

[17.1] 山下洋史・村山賢哉・鄭年皓「「環境志向型クォリティ」に基づく企業行動の分析モデル」『明大商学論叢』Vol. 91, No. 2, 2008年, 13-22ページ。
[17.2] 村山賢哉・鄭年皓・山下洋史「「環境志向型クォリティ」に関する研究」『日本経営システム学会　第41回全国研究発表大会講演論文集』2009年, 192-193ページ。
[17.3] 鷲田豊昭「環境問題と環境評価」鷲田豊昭・栗山浩一・竹内憲司編『環境評価ワークショップ』築地書館, 1999年。
[17.4] 大野高裕・葛山康典・山下洋史「コスト尺度に基づく新たな企業評価の視点」『日本経営

	工学会春季大会予稿集』1992 年，49-52 ページ。
[17.5]	山下洋史「「循環型 SCM」におけるリバース・ロジスティクスと経営倫理」『日本経営倫理学会誌』No. 11，2004 年，49-55 ページ。
[17.6]	山下洋史・鄭年皓「資源循環における領域推移の分析モデル」『明大商学論叢』Vol. 92, No. 4，2010 年。
[17.7]	鄭年皓「情報共有・知識共有に基づく新製品開発組織に関する工業経営的研究」『明治大学博士（商学）学位論文』2008 年，43-47 ページ。
[17.8]	山下洋史・坂井俊祐・村山賢哉「3R 行列を用いた資源循環の領域推移確率モデル」『日本経営倫理学会誌』Vol. 18，2011 年，117-123 ページ。

事項索引

【数字・アルファベット】

1個流し生産　183, 186
2次計画　38
2段階のQC　171
3M　24
3M+I　7, 8, 9, 24, 30, 128
3R　191, 194, 196
　――行列　196, 197
4P　86
　――ミックス　88
AA（Account Ability）1000　79
Altman モデル　37
Black-Scholes の偏微分方程式　39
B/M（Bill of Material）　176, 188
B/M（ストラクチャー）　187
BPR　97, 119, 120, 121, 122, 123, 125
Brown 運動　39
B to B（Business to Business）　126
B to B&C　126
B to C（Business to Consumer）　126
CAPM　37
CIM（Computer Integrated Manufacturing）　121
CN　62
CRM（Customer Relationship Management）　92, 93
CS（Customer Satisfaction）　92, 93, 118, 123, 127
CSR（Corporate Social Responsibility）　73, 74, 75, 76, 77, 79, 189
CSR 調達　80, 81
CVP 関係（Cost-Volume-Profit analysis）　32
e-Business　126
EICC（Electronic Industry Code of Conduct）　80
EMH（Efficient Market Hypothesis）　37
enterprise chain management　80

e-SCM　126
EUC（エンド・ユーザー・コンピューティング）　119
fBm（fractional Brownian motion）　40
FBS（Fractional Black-Scholes）　40
FMS（Flexible Manufacturing System）　142
GC-JN　78
global chain management　80
Global e-SCM　126, 132, 133
Global SCM　126
GT（Group Technology）　142
HRM　65
ICT（Information & Communication Technology）　43, 92, 96, 97, 99, 119, 125, 126, 130, 131, 132
ISO 9000　75
ISO 14000　75
ISO 26000　75, 81
IT（Information Technology）　96
JIT（Just In Time）システム　119, 174, 181, 182, 183, 184, 186
Just In Time　181
K-L 情報量（Kullback-Leibler 情報量）　41
leapfrogging effect　111
loose coupling　116
M&A（Mergers & Acquisitions；合併・買収）　30, 128, 129, 130
managerial control　5
Master Production Schedule　175
Materials Requirements Planning（資材所要量計画）　174
MIS（Management Information System）　121
MM（Modigliani-Miller）定理　37
MM 理論　30
MPS　179, 180
MRP（Materials Requirements Planning）　174,

199

事項索引

　　　　187
　──システム　119, 175, 176, 178, 179, 180, 181, 186, 188
　──システムの二重の垂直性　180
no work-no pay　23
operational control　5
OR（Operation Research）　4
PM 理論　24
PPM（Product Portfolio Management）　88
programmed decision　5
PR（Public Relations）　87
QC　163, 167, 168
　──7つ道具　160, 161
　──D　140, 142
　──サークル　159, 160, 167, 170
REACH 規制　79
RohS 指令　79
SA（Social Accountability）8000　79
SCM　96, 124, 125
　──チーム　125
Stakeholders　34
strategic planning　5
S 字型反応曲線　55, 56, 57
TQC　166, 167
U 字ライン　182
WEEE 指令　79
Wiener 過程　39
WWW（World Wide Web）アライアンス　131, 132, 133
X 理論・Y 理論　24

【あ行】

あいまいさの二面性　45, 47
アウトソーシング　114, 118
アジル　123, 148, 183
アップフロント　114
後工程引取り方式（引張り方式，プル方式）　182, 183, 187
安全衛生管理　21
安全在庫　152
　──量　151, 153, 154
安全性　159, 167
安全性分析　35
あんどん　182, 183, 185

意思決定過程　4
維持戦略　89
異常あんどん　185
委託研究　114
一因子情報路モデル　40
一般管理費（general administrative expenses）　31
一般システム理論　6
伊藤の定理　39
伊藤の補助定理　39
移動平均法　146, 147
イノベーション　109
売上高利益率　35
エネルギー　99, 101
　──定数　156
エントロピー　43, 62, 98, 102, 103, 104, 154
　──最大化基準　41
押し出し方式，プッシュ方式　187
オプション価格決定理論　39
オプション価格理論　30
オープン・システム　6

【か行】

回帰分析モデル　145
外挿（補外）法　146
階層別生産計画　139
外注研究　113
外部環境の活発さ　105, 107
外部分析　34
科学的管理法（Scientific Management）　3, 4
拡大推論　40, 41, 45, 62
拡大戦略　89, 90
獲得情報量　41
確率微分方程式　38
確率まわりのエントロピー　47, 48, 49
隠れた行動（hidden action）　51
隠れた情報（hidden information）　51, 52
過早納入　184
堅い結合（tight coupling）　129
堅い組織（tightly coupled system）　12, 28, 119
合併　133
稼動あんどん　185
カネ　10
株価収益率（PER; price earnings ratio）　36

事項索引

株主資本利益率（ROE; return on equity） 36
環境志向型クォリティ 190
環境の外部化 191, 193
環境の内部化 191, 192, 194
関係性マーケティング 92
かんばん 182, 183, 186, 187
　――システム 184
　――方式 181, 184
管理（コントロール） 12, 14, 15, 24
　――＆管理 26
　――過程 4, 7
　――図（control chart） 159, 163
　――的意思決定（administrative decisions） 4, 5
　――と支援の共存 25, 27
　――の4原則 3
企業
　――最適方向ベクトル 9
　――倒産モデル 37
　――内組合 22
　――の境界 115
基準生産計画（MPS） 175, 178, 188
季節変動（S: Seasonality） 145
規模の経済性 129
逆選択（adverse selection） 51, 53
狭義のMRP 174
狭義の管理 25
狂牛病問題 167
供給連鎖（サプライチェーン） 95, 123
強硬性 56
競争地位の論理 88, 90
競争と協調の併存 130
共同研究 114
業務遂行エネルギー 67
業務的意思決定（operating decisions） 4, 5
業務の定義可能性 114
協力解 55, 57, 58, 59
局所最適化（local optimization） 17, 120, 124, 125, 126
金のなる木 89
金融工学 37
金融市場論 37
偶然性 45, 47, 49
組立型産業 140

グリーン購入法 79
グリーン調達（green procurement） 79
　――基準 80
グローバル
　――SCM 97
　――・オプティマム 97
　――・ビジネス戦略 103
　――標準化（Global Standardization） 100, 101, 104, 106, 107
経営
　――管理 13
　――管理論 4, 7
　――資源（3M+I） 7, 11
　――システム 7, 10
　――分析 34
傾向変動（T: Trend） 145
経済発注量（EOQ; Economic Order Quantity） 151, 152
ゲーム理論（Game Theory） 54
限界利益（貢献利益） 32
原価情報 31
権限委譲 25, 118
現在価値最大化 55
現地適応化（ローカル適応化） 98
合意形成 54
　――の解 58, 60
高エネルギー化 65
高エントロピー 61, 101, 189
　――化 65, 72, 98, 103
広義の管理 25
構造化された問題（プログラム化された問題） 6
構造化されない問題（unstructured problem） 6
高―低エントロピーの調和問題フレームワーク 101
工程中心主義 187
公的調整 23
行動エントロピー 46, 47, 48, 99
行動科学（behavioral science） 24
効用関数（utility function） 54
効率化（低エネルギー化）要求 65, 102, 103
効率性 159, 167
　――と安全性の調和 159

201

事項索引

顧客満足（CS; Customer Satisfaction） 86
国連グローバル・コンパクト（The United Nations Global Compact） 79, 80
──・ジャパン・ネットワーク（GC-JN） 77
個人最適方向ベクトル 9
コスト・ビヘイビアー（cost-behavior） 32
個性化（高エントロピー化）要求 65, 103
固定長期適合率 36
コーディネーション 118
固定費（fixed costs） 32
個別生産（indent production） 139, 140, 141
個別費用法（勘定科目仕訳法） 33
ゴミ箱モデル 116
コミュニケーション・ネットワーク（CN; Communication Network） 61, 62
コミュニケーション・ロス 185
固有ベクトル 196, 197
雇用管理 16
コール・オプション 39
コンカレント・エンジニアリング 118
コンベア・システム 3

【さ行】

在庫
　──管理（inventory control） 150, 154
　──管理エネルギー 154
　──管理エネルギー係数 155
　──低減 155, 158
　──の発生要因 150
　──保管費用 151
最小二乗法 33, 147
最小分散集合 37
最大エントロピー原理 40, 62, 104, 154
財務管理 30
　──論 37
サプライチェーン・マネジメント（SCM; Supply Chain Management） 95, 123
サプライヤー行動憲章（supplier code of conduct） 80
散布図 163
支援（サポート） 12, 14, 15, 25
　──＆支援 26
　──学 25

仕掛り在庫 124, 142, 184, 186
仕掛品在庫管理 150
シグナリング 53
時系列解析 10
　──モデル 145, 146
刺激－反応モデル（S－Rモデル） 46
資源
　──循環の概念モデル 192, 195
　──の内部化 193
　──領域 193, 195
自己
　──啓発的なQC 170
　──資本比率 36
　──相関 147
仕事量 103, 104
資材
　──在庫管理 150
　──所要量計画 179, 187
　──所要量計算 176
資産リスクヘッジ理論 37
市場細分化 85
市場の先取り（preemption） 111
指数平滑法 146, 147
事前計画主義 178
自然淘汰の原理（natural selection） 52
実験解析法 164
実験計画法（design of experiment） 10, 161, 164
実験配置法 164
自動化 175
自働化 181, 182
支払能力分析 36
資本資産評価モデル（CAPM） 30
自前主義 128
ジャスト・イン・タイム 174, 180, 186
　──生産方式 181
シャノン・エントロピー 44, 46, 47
収益性分析 35
重回帰分析 146
収穫戦略 89
集権型ネットワーク 64, 65
集権的コントロール 125
終身雇用 20, 166
　──制度 122

202

事項索引

従属需要品目　174, 175, 178, 179, 180
集団維持機能（M機能）　24
需給マネジメント　144
受注生産（job order production）　138, 139, 140, 148
取得費用　112
需要予測　139, 145
ジュール　99, 101
循環システム　193
循環変動（C: Circulars）　145
生涯価値　92
昇格　17
昇進　17
　──・昇格管理　17
状態ベクトル（state vector）　195, 196
状態量　195
小日程計画　139, 148, 149, 150
消費領域　193, 195
少品種多量生産　98, 101, 137, 139, 141, 142
情報　10
　──共有　96, 185
　──共有化　97
　──システム中心の管理　187
　──システムの分権性　122
　──処理過程　98
　──伝達　64
　──伝達エントロピー　62, 66, 67
　──のあいまいさ　44
　──の共有化　120, 123, 125
　──の非対称性（asymmetry of information）　51, 53
　──の分布　63
　──量　43, 44, 99
　──理論　10, 36, 43, 62, 99
小ロット生産　182, 186
初期状態ベクトル　63, 64
職能給　19, 20
職能組織（functional organization）　3
職場外教育訓練（off JT; off the Job Training）　15
職場内教育訓練（OJT; On the Job Training）　15
職務
　──給　16

　──評価　20
　──分析　16
ジョブ　141
人為浄化　194
シングル・レート　20
人事
　──管理の集権性　120, 122
　──考課　16
　──情報管理　15
　──・労務管理　11
新製品開発　109
人的資源管理（HRM; Human Resources Management）　11, 12, 13
人的資源の有効活用　13
進度あんどん　185
垂直的ヒエラルキー・コントロール　4, 28, 65, 188
推定計画　149
水平的コーディネーション　12, 28, 122
スキャッター・チャート法　33
スクリーニング　53
ストラクチャー　176
スピルオーバー　113
生産
　──計画（production planning）　148
　──形態　137, 139
　──指示かんばん　184, 188
　──指示書（生産指示かんばん）　185
　──システム　137
　──の平準化　139, 142
　──配分エントロピー　154, 156, 158
　──平準化　155, 158
　──方式　137
　──リードタイム　183
　──領域　193, 195
　──を平準化　144
誠実交渉義務　22
製造
　──間接費　31
　──システム中心の管理　187
　──直接費　31
　──品質　159, 160
製品在庫管理　150
制約理論（TOC; Theory of Constraints）　124

203

事項索引

世界標準化機構（ISO） 75
セグメント（segment） 85
設計品質 159, 160
説明変数（独立変数） 146
線型計画法（LP） 38
潜在的組織参加者 92, 93
全数検査（total inspection） 165, 167
全体最適化（global optimization） 123, 124, 126
専有可能性（appropriability） 111
戦略
　——的意思決定（strategic decisions） 4, 5
　——的提携（戦略的アライアンス；Strategic Alliance） 95, 130
　——的な CSR 76
　——的マーケティング 88
相関図 163
相関分析 145
争議権 22
総合的品質管理（TQC; Total Quality Control） 160
総資本利益率（ROI; return on investment） 35
相対的負荷 67
双対原理 120, 122
層別 162
属人給 19
損益分岐点（break-even point） 33
　——図表（break-even chart） 33

【た行】

退職管理 18
代替的双対モデル 120, 121
大日程計画 139, 148, 149, 155
タイム・バケット 182, 183
対立解 55, 57, 58, 60
妥協解 55, 57, 59, 103
ターゲット・マーケティング 85
棚卸誤差 179
多能工化 182
多品種少量生産 98, 101, 137, 139, 140, 141, 142
多変量解析 10, 36, 161
団結権 22
単純回帰分析 146

団体交渉権 22
段取り替え 141
チェックシート 162
チェーン型 132
チャレンジャー（challenger） 90
中日程計画 139, 148, 149
注文生産 138
長期計画 139
直交配列表 164
賃金管理 19
賃金形態 19
賃金労働者 13
通信路行列 63, 196
強い制御信号 65
低エネルギー 61, 189
　——化 98, 101
　——化と高エントロピー化の調和 102
　——化と高エントロピー化の調和問題 103
　——化と高エントロピー化の両立 66
　——と高エントロピーの調和モデル 72, 106
　——と高エントロピーの調和問題 154
　——と高エントロピーのバランシング 69
低エントロピー 98, 101
　——源 99, 102
定期発注方式 151, 153, 154
提携（Alliance） 129
定型的意思決定 5, 6
定常状態ベクトル 196
定常分布ベクトル 63, 66
定年延長 18
ディマンド・プル（demand pull） 115
定量発注方式 151, 153
適性配置 17
適正配置 17
敵対的な M&A 129
テクノロジー・プッシュ（technology push） 115
データベース・マーケティング 92
データ・マイニング 38
同一職務同一賃金の原則 19
同期化 96, 97, 181
動機づけ・衛生理論 24

204

事項索引

統計的検定　161
統計的品質管理（SQC; Statistical Quality Control）　159, 161
当座比率　35
投資尺度　36
同質的な競争　90
動的計画法（DP）　38
特性要因図　162
独立需要品目　174, 175, 179
度数分布　162
凸計画　38
トヨタ生産システム　181
トヨタ生産方式　181
取引費用　114

【な行】

内部分析　34
泣き寝入り解　55, 57, 58, 59
ナット　43
ニコポン的行動　25
ニッチャー（nicher）　91
日本型 QC　167, 169
日本青年会議所（JC）　77
人間関係論　23
人間の情報処理過程　45
忍耐許容限界点　59
ニンベンのついたジドウカ　181
抜取検査（sampling inspection）　165, 167
ねじれ現象　18
ネットワーク　118
　——型　132
　——型組織　120, 122, 123
年功
　——型賃金　18
　——序列　122
　——賃金　20
納入リードタイム　153, 154
納品書（引き取りかんばん）　185
能力開発　11, 12

【は行】

廃棄戦略　90
排出物領域　193, 195
配置管理　16

漠然性（ファジィネス）　45, 47, 49
　——の平均　48
端数価格（odd-pricing）　87
バッチ生産　141
発注
　——残　153
　——点　151, 153
　——費用　151
　——方式　150
　——量　154
ハートレー　43
花形　89
幅広い参加的学習　122
バラツキ　150, 161
バリューチェーン（value chain）　76
パレート図　162, 163
半水平的な作業コーディネーション　122
ヒエラルキー構造　120
ヒエラルキー・コントロール　7, 12, 180, 181, 187
引き取りかんばん　184, 188
ヒストグラム　162
被説明変数（従属変数）　146
ビット　43
非定型的意思決定（nonprogrammed decision）　5, 6
非適性配置　17
ヒト　9, 11
非同期化　97
非同質的な競争　90
ヒューマン・リソース・マネジメント（HRM; Human Resource Management）　61
ヒューリスティック（heuristic）　5, 6
標準
　——化（グローバル標準化）　98
　——在庫量　150
　——偏差　152, 161
品質
　——管理（QC; Quality Control）　159
　——管理の作り込み　182
　——検査　165
　——特性値　161
　——の作りこみ　167
品目中心主義　187

事項索引

ファジィ
　──・エントロピー　46, 47, 48, 49
　──事象　49
　──集合　47, 49
　──理論　10, 46, 49
ファジィネス　45, 46
フィルター機構　46
フォロワー（follower）　91
負荷配分　65
　──ウェイト　62, 67, 69, 71, 72
　──エントロピー　62, 66, 67
不規則変動（I: Irregular）　145
福利厚生管理　20
プッシュ（押出し）方式　184
物理的クォリティ　190
フラクタル理論　40
フラットな組織　118
フリンジ・ベネフィット（fringe benefit）　20
プル（引っ張り）方式　184
ブレーン・ストーミング　162
プロセス・イノベーション（process innovation）　110
プロセス型産業　140
プロダクト・イノベーション（product innovation）　109
分権型ネットワーク　64, 65
分散　161
　──分析　161
平均
　──エネルギー　67, 71, 104, 154, 157
　──エネルギーの制約つきエントロピー最大化問題　67
　──効用の最大化　55
　──情報量　44, 46, 47, 62
米国型QC　168
平準化生産　154, 182, 183, 186
変動費（variable costs）　32
報酬関数（pay-off function）　54
法定外福祉　21
法定福祉　21
ホーソン実験　23
ポートフォリオ　39
　──理論　30, 37
ボトルネック　124

【ま行】

負け犬　90
マーケティング戦略　88
マーケティング・マネジメント　88
マス・カスタマイゼーション（mass-customization）　102, 103, 142
マス・マーケティング（mass marketing）　85
マルコフ連鎖　196
マルチ・ステークホルダー・プロセス　74
見込み生産　139, 141, 148
水すまし　184, 185
無記憶通信路　63
無限繰り返しゲーム（infinitely repeated game）　55
目で見る管理　182, 185, 186, 188
メンタル・ヘルス　21
メンバーシップ値　46
　──まわりのエントロピー　47, 48
もう一つ自働化　182
目的設定システム（purposeful system）　8
目的の先与性　115
目標達成機能（P機能）　24
モニタリング　53
モノ　9
模倣戦略　91
モラルハザード（moral hazard）　51, 52, 53
問題児　89
問題と解の柔らかい結合　116

【や・ゆ・よ】

柔らかい結合（loose coupling）　129, 131
柔らかい組織（loosely coupled system）　12, 28, 116, 119
友好的なM&A　129
要員計画　16
予期せぬ市場での成功　116
欲求5段階説　24
呼び出しあんどん　185
弱い制御信号　65

【ら行】

ライセンスアウト　113
ライセンスイン　113, 114

事項索引

ライン生産　140
ラインバランシング（line balancing）　141
ラグランジュ乗数　67, 104
ラグランジュ未定乗数　38
ランク・ヒエラルキーによるインセンティブ　17
ランダムネス　45, 46
利益管理　32
リエンジニアリング（BPR; Business Process Reengineering）　95, 118
リサイクル（Recycle）　191, 194, 197
リーダー（leader）　90
　──シップの理論　24
リデュース（Reduce）　191, 194, 197
リードタイム　138
　──期間　152, 153
リバース・エンジニアリング　113
リピーター　93
流動比率　35
リユース（Reuse）　191, 194, 197
領域推移確率行列　195, 196, 197

量産効果（規模の経済）　142
レモンの原理（lemons' principle）　52
レンジ・レート　20
連続生産（continuous production）　139, 140, 141, 142
ロイヤルティ　114
労使関係（labor-management relations）　22
労資関係（labor-capital relations）　22
労働
　──安全衛生法　21
　──意欲の高揚　13
　──基準法第24条　20
　──組合　14, 22
　──三権　22
　──者人格　13, 23
　──条件管理　18
　──秩序の安定化　14
　──力　13
ローカル適応化　100, 104, 106, 107
ロットスケジューリング（lot scheduling）　141
ロット生産（lot production）　139, 141

人名索引

【A】

Ackoff, Ro L. 8
Altman, E. I. 37
安藤史江 92, 93
Andrews, K. R.（アンドリュース） 76
Ansoff, H. I. 4
Anthony, R. N. 5
青木昌彦 17, 120, 122

【B】

Barnard, C. I. 8
Bellman, R. E. 38
Berle, A. A. Jr.（バーリ） 74
Bertalanffy, L. von 7
Black, F. 30, 38, 39

【C】

Chandler, Jr., A. D.（チャンドラー） 77
Cohen, M. D. 115

【D】

Dantzig, G. B. 38
Drucker, P. F.（ドラッカー） 116

【E】

圓川隆夫 137

【F】

Feigenbaum, A. V.（ファイゲンバウム） 160
Ford, H. 3, 4
Friedman, M.（フリードマン） 74
藤田恒夫 8

【H】

Hammer, M. 118

Herzberg, F.（ハーズバーグ） 24

【I】

今田高俊 24, 25
伊藤清 39

【J】

鄭年皓 40, 55, 56, 64

【K】

金子勝一 116, 148, 150
葛山康典 192
Kramer, M. R.（クラーマー） 76
栗原剛 154, 155

【L】

Leavitt, H. J. 63, 66
Lintner, J. 37

【M】

Malone, T. W.（トーマス・マローン） 120
Mandelbrot, B. B. 40
Markowitz, H. M. 30, 37
Maslow, A. H.（マズロー） 24
松丸正延 25, 27
McGregor, D. M.（マグレガー） 24
Means, G. C.（ミーンズ） 74
Miller, H. M. 30
三隅二不二 24
Modigliani, M. 30
Mossin, J. 37

【N】

中村明徳 121
西川智登 46, 98

人名索引

【O】

奥林康司　11
大野高裕　192

【P】

Pareto, V.（パレート）　163
Porter, M. E.（ポーター）　75

【S】

Scholes, M.　30, 38, 39
Shannon, C. E.（シャノン）　43, 46, 62
Shewhart, W. A.（シューハート）　159, 161
Simon, H. A.　5, 6

【T】

田中政光　115
Taylor, F. W.（テーラー）　3, 4, 23

【W】

鷲田豊昭　191, 194
Werther, Jr., W. B.（ウェルテル）　77

【Y】

山本昌弘　40
山下洋史　9, 25, 26, 40, 47, 62, 63, 93, 100, 116, 120, 130, 131, 137, 148, 150, 154, 155, 180, 182, 186, 192

執筆者一覧

鄭　年皓（ジョン ニョンホ）：愛知淑徳大学ビジネス学部　准教授　博士（商学）
　　　　はしがき，第1部1・3・5・6章，第2部8・10章，第3部13・15章担当

山下洋史（ヤマシタヒロシ）：明治大学商学部　教授　博士（工学），博士（商学）
　　　　第1部2章，第2部9章，第3部14・16章担当

金子勝一（カネコショウイチ）：山梨学院大学経営情報学部　教授
　　　　第1部3章，第2部11・12章担当

文　載皓（ムン チェホ）：富士常葉大学総合経営学部　准教授　博士（商学）
　　　　第1部7章担当

村山賢哉（ムラヤマケンヤ）：共愛学園前橋国際大学　専任講師　博士（商学）
　　　　第1部4章，第3部17章担当

臧　巍（ゾウ ギ）：早稲田大学創造理工学部経営システム工学科　助手
　　　　第1部6章，第3部15章担当

山下　遥（ヤマシタ ハルカ）：慶應義塾大学大学院理工学研究科　博士後期課程
　　　　日本学術振興会特別研究員DC
　　　　第3部15章担当

栗原　剛（クリハラ ツヨシ）：気象予報士　明治大学商学研究所特任研究員
　　　　第3部14章担当

権　善喜（クォン ソンヒ）：明治大学大学院情報コミュニケーション研究科　博士後期課程
　　　　第1部5章，第2部8章担当

バランシングの経営管理・経営戦略と生産システム

2014年4月10日　第1版第1刷発行　　　　　　　検印省略

編著者　鄭　　年　皓
　　　　山　下　洋　史

発行者　前　野　　　弘

発行所　㈱ 文　眞　堂
　　　　東京都新宿区早稲田鶴巻町533
　　　　電話　03(3202)8480
　　　　FAX　03(3203)2638
　　　　http://www.bunshin-do.co.jp/
　　　　〒162-0041 振替00120-2-96437

印刷・モリモト印刷／製本・イマヰ製本
© 2014
定価はカバー裏に表示してあります
ISBN978-4-8309-4802-2 C3034